FACULTÉ DE DROIT DE L'UNIVERSITÉ DE PARIS

L'ASSURANCE OBLIGATOIRE
CONTRE LA MALADIE

ET LES

SOCIÉTÉS DE SECOURS MUTUELS
EN FRANCE

THÈSE POUR LE DOCTORAT

L'ACTE PUBLIC SUR LES MATIÈRES CI-APRÈS

Sera présenté et soutenu le Jeudi 20 Mars 1902, à 2 heures 1/2

PAR

A. CROCHARD

Président : M. JAY, *professeur.*

Suffragants { MM. CAUWÈS, *professeur.*
BOURGUIN, *professeur.*

PARIS

V. GIARD & E. BRIÈRE

LIBRAIRES-ÉDITEURS

16, rue Soufflot, 16

1902

A MON PÈRE

A MA MÈRE

THÈSE

POUR

LE DOCTORAT

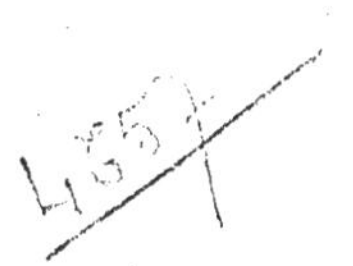

BIBLIOTHÈQUE NATIONALE
R.F.
IMPRIMÉS

La Faculté n'entend donner aucune approbation ni improbation aux opinions émises dans les thèses ; ces opinions doivent être considérées comme propres à leurs auteurs.

FACULTÉ DE DROIT DE L'UNIVERSITÉ DE PARIS

L'ASSURANCE OBLIGATOIRE

CONTRE LA MALADIE

ET LES

SOCIÉTÉS DE SECOURS MUTUELS EN FRANCE

THÈSE POUR LE DOCTORAT

L'ACTE PUBLIC SUR LES MATIÈRES CI-APRÈS

Sera présenté et soutenu le Jeudi 20 Mars 1902, à 2 heures 1/2

PAR

A. CROCHARD

Président :   M. JAY, *professeur.*
Suffragants { MM. CAUWÈS, *professeur.*
BOURGUIN, *professeur.*

PARIS

V. GIARD & E. BRIÈRE

LIBRAIRES-ÉDITEURS

16, rue Soufflot, 16

1902

INTRODUCTION

ROLE DES SOCIÉTÉS DE SECOURS MUTUELS ET DE L'ASSURANCE OBLIGATOIRE

I

Il y a quelques années, le service des institutions de prévoyance au Ministère de l'intérieur se trouvait encore rattaché à la direction de l'assistance et de l'hygiène publiques et la correspondance adressée par l'administration aux sociétés de secours mutuels portait tout naturellement le cachet de cette direction. Les présidents des sociétés s'étaient émus de la confusion tout au moins apparente de la mutualité avec l'assistance publique et maintes réclamations, courtoises d'ailleurs, s'étaient produites. Aussi l'honorable Directeur de l'assistance publique fut-il fort applaudi lorsque, au banquet du troisième congrès national de la mutualité, il prononça ces paroles à l'adresse des présidents protestataires :

« Eh bien ! oui, si ainsi j'ai pu vous déplaire, non pas personnellement, mais par le titre de Directeur de l'assistance publique que je prenais en vous écrivant, j'en suis heureux, car rien ne montre mieux combien vous êtes imbus du vrai sentiment de la mutualité. Celle-ci en effet relève la dignité humaine, toujours compromise dans une certaine mesure par l'assistance publique ».

Nous avons tenu à reproduire cette petite anecdote, parce qu'elle montre bien quel est d'après le sentiment des mutualistes eux-mêmes, le véritable principe de la mutualité, dont il est nécessaire de dégager les caractères essentiels et complexes. En France, les sociétés de secours mutuels, moyennant un léger sacrifice pécuniaire volontairement consenti par leurs adhérents, garantissent ceux-ci contre un ou plusieurs des risques naturels qui peuvent atteindre leur existence ou leur personne. Elles s'adressent à tous ceux que préoccupe pour eux-mêmes ou pour leur famille le souci du lendemain ; elles apparaissent comme tout particulièrement utiles à l'ouvrier que la perte de son salaire par suite de maladie ou d'accident, prive brusquement de toute ressource; que l'invalidité et la vieillesse condamnent à une misère définitive. Enfin par les secours qu'elles allouent aux veuves et aux orphelins, ces associations ont également pour objet de protéger la famille contre les conséquences le plus souvent désastreuses de la mort de son chef.

Le but de la mutualité est de répartir sur un assez

grand nombre d'associés, ces risques multiples qui écraseraient quelques-uns d'entre eux, pris individuellement. En effet, les diverses éventualités que nous venons d'envisager ne pèsent pas toutes de la même façon sur la destinée humaine ; on peut avoir le bonheur d'échapper aux maladies ou aux accidents ; la vieillesse et la mort sont inévitables, mais elles n'atteignent pas tous les hommes à la même époque de leur existence. Aussi, celui qui s'affilie à une société de secours mutuels risque de faire un sacrifice inutile ou tout au moins fort onéreux, tandis qu'un autre adhérent imposera à l'association des charges bien supérieures aux sacrifices qu'il a consentis.

Cette inégalité dans la répartition des risques apparaît d'abord comme choquante, et cependant elle est la caractéristique même de l'idée de mutualité. D'une part en effet, l'inutilité possible du sacrifice est compensée par la sécurité dont bénéficie celui qui le consent et, d'autre part, il est incontestable qu'il y a par avance chez le mutualiste une acceptation tacite mais le plus souvent consciente de l'inégalité dont il court la chance d'être victime : en un mot, il sait parfaitement qu'il est exposé à payer pour un autre. A côté d'une pensée de prévoyance égoïste apparaît donc un sentiment nettement altruiste. Voilà une des causes qui justifient le caractère de complexité que nous avons attribué aux sociétés de scours mutuels.

En voici une autre : en dehors des membres participants dont nous venons de parler, figure, au moins en France, dans les sociétés de secours mutuels, une autre catégorie d'associés désignés par la loi sous le nom de membres honoraires, et qui versent une cotisation sans recevoir en retour aucun avantage de la société. Pour ceux-là il ne peut être question que d'un sentiment altruiste ; en s'affiliant à une société de secours mutuels, ils accomplissent un acte de véritable bienfaisance, qui ne met nullement en jeu leur intérêt personnel. Aussi leur rôle est-il le point de départ d'une théorie qui considère les sociétés de secours mutuels comme étant avant tout des institutions de bienfaisance. Aux cotisations des membres honoraires viennent en effet s'ajouter des dons et des legs et aussi, dans certains cas, des subventions accordées par les pouvoirs publics. D'où l'on conclut que les sociétaires n'ont pas un véritable droit à des secours déterminés en présence des éventualités prévues par les statuts, mais qu'ils sont simplement assistés, en cas de besoin, par les ressources de la caisse de la société, alimentée en grande partie par des dons et des subventions. Concevoir ainsi l'œuvre mutualiste constitue selon nous une véritable erreur, et d'ailleurs la plupart des mutualistes répudient absolument cette manière de voir.

En sens inverse, on a parfois voulu faire une assimilation entre les opérations des sociétés de secours mutuels et celles des compagnies d'assurances qui couvrent des risques analogues et on a demandé que les sociétés fussent également soumises pour l'établissement de leurs comptes à des calculs stricts et rigoureux. Il y a là, selon quelques-uns, une autre exagération.

Ce qui paraît rendre, en principe, l'assimilation impossible, c'est que les compagnies d'assurance poursuivent un but de lucre, qu'elles ont des actionnaires à rémunérer, tandis que les sociétés de secours mutuels ne recherchent la réalisation d'aucun bénéfice. Toutefois, après avoir fait cette distinction essentielle, il convient de remarquer qu'en fait les opérations des compagnies d'assurances et celles des sociétés de secours mutuels ont une grande ressemblance. La définition de l'assurance ne se rapproche-t-elle pas d'ailleurs de celle de la mutualité, puisque « l'assurance est la réparation des effets du hasard sur le patrimoine de l'homme par la mutualité organisée suivant les lois de la statistique. »

La contribution de l'assuré ou de l'associé, qu'elle s'appelle prime ou cotisation, doit donc être basée sur des calculs aussi exacts que possible et appuyée sur les données de la statistique, sinon l'équilibre financier est rompu ; la société risque de manquer à ses engagements, et l'épargne du pauvre se trouve compromise.

Il nous semble, pour résumer ces quelques observations, que la vérité tout entière n'est dans aucune des deux théories que nous venons de signaler : sans doute, les sociétés de secours mutuels touchent par plus d'un côté à la bienfaisance, disons le mot, à la charité entendue dans son sens le plus large ; sans doute, elles se livrent à des opérations qui les rapprochent des compagnies d'assurances, mais ce qui domine par dessus tout chez elles, ce qui constitue leur caractère propre, c'est l'effort personnel de leurs membres et l'esprit de fraternité qui les unit : voilà précisément, au point de vue social, ce qui fait la grandeur et l'utilité de l'œuvre mutualiste.

A un point de vue plus général, les bienfaits de la mutualité ne sont pas à démontrer : en obligeant le travailleur à un sacrifice léger, mais continu et régulier, sur son salaire, elle fortifie en lui les idées d'épargne ; une économie en entraîne une autre. Le mutualiste se sent l'instrument de sa propre sécurité, il apprend à ne compter que sur lui-même, et cette confiance en soi lui inspire le véritable sentiment de sa dignité : c'est un client de moins pour l'assistance publique, c'est un soldat de moins pour l'armée socialiste. La prospérité des institutions mutualistes est donc une garantie pour la paix sociale et la prospérité de l'Etat. L'exemple de l'Angleterre nous en donnera au cours de cette étude une éclatante démonstration.

En France, les sociétés de secours mutuels ont acquis une importance considérable : au 31 décembre 1899, elles étaient au nombre de 13.030 et comprenaient 1.955.315 membres (287.809 membres honoraires et 1.667.506 membres participants). Leur avoir total s'élevait à la même date à 293.099.610 fr. 35. L'éloquence de ces quelques chiffres dispense de tout commentaire : ajoutons seulement que le progrès s'accentue chaque jour, et que l'exercice 1900, dont les résultats ne sont pas encore publiés, accuse une très sensible augmentation sur l'année précédente.

II

Mais les sociétés de secours mutuels, malgré leur importance indéniable, malgré leur précieuse organisation, malgré les nombreux encouragements des pouvoirs publics, ont-elles réellement atteint leur but ? sont-elles parvenues et parviendront-elles jamais à garantir la classe des travailleurs contre les principaux risques qui la menacent ? ou au contraire leur champ d'action n'est-il pas et ne doit-il pas rester forcément restreint ?

Telle est la question dont l'étude fera l'objet de

ce travail en ce qui concerne uniquement l'assurance contre la maladie.

Le risque de maladie est assurément un des plus graves qui puissent atteindre l'ouvrier, en raison de sa fréquence considérable et en raison de la privation brusque de salaire qu'elle entraîne et de la difficulté de mettre à portée du malade les soins nécessaires pour assurer promptement sa guérison.

A ce point de vue, il est incontestable que les corporations de l'ancien régime présentaient de grands avantages ; le malade était efficacement secouru et assisté par ses camarades, et lors de sa guérison il était assuré de retrouver du travail. A défaut même de la corporation, il avait auprès de lui des voisins qui le connaissaient et qui l'assistaient en cas de besoin.

Aujourd'hui les conditions d'existence de l'ouvrier sont profondément modifiées ; l'avènement de la grande industrie l'a contraint à vivre dans de grandes agglomérations où il n'est connu de personne, en dehors de ses camarades aussi pauvres que lui. D'autre part les rapports entre l'ouvrier et le patron qui étaient toujours personnels et directs n'existent plus ; autrefois, en effet, l'atelier de famille réunissait maîtres et compagnons dans une existence à peu près semblable ; aujourd'hui c'est un véritable abîme social qui s'est creusé entre le patron et le salarié.

Enfin les progrès mêmes de l'industrie sont venus compliquer de deux autres façons l'existence de l'ouvrier : nous voulons parler de la surproduction manufacturière et de l'augmentation du nombre des accidents du travail.

Il semble que le développement moderne de l'industrie ait entraîné l'augmentation incessante des crises et par suite des chômages qui frappent, non plus un ouvrier, mais une masse d'ouvriers. Autrefois chaque fabricant travaillait pour un marché limité, connu de lui ; d'autre part, la production se trouvait subordonnée aux forces de l'homme.

Aujourd'hui ces conditions sont transformées. Les divers marchés du monde sont pour ainsi dire fondus en un seul. C'est pour ce seul et immense marché que le fabricant travaille, comme si la production n'était jamais suffisante. En même temps, les machines, les moteurs, ont permis d'augmenter la production dans des proportions invraisemblables qui ont dépassé les besoins de la consommation. Les stocks se sont amassés et le fabricant ne peut s'arrêter à temps, car l'arrêt de la production, c'est la faillite immédiate. L'industriel est alors frappé par l'infortune et l'ouvrier est jeté à la rue sans pain, sans un sou vaillant, et cela parce que les magasins regorgent !

En second lieu, les progrès du machinisme ont eu comme conséquence encore plus redoutable pour l'ouvrier l'augmentation considérable du nombre des accidents du travail. Il ne faudrait pas croire cependant que les procédés actuels ont, d'une façon absolue, entraîné des dangers nouveaux. Certaines industries, comme la pêche maritime ou les transports par voiture restent encore aujourd'hui au premier rang de la statistique des accidents. Mais il n'est pas douteux que dans la plupart des autres industries l'introduction des machines et l'accélération du travail aient augmenté les risques. Pour donner une idée de l'importance de la question il nous suffira d'indiquer qu'en France le nombre des accidents de travail ayant donné lieu au paiement d'une indemnité s'est élevé pour la seule année 1900 au chiffre effrayant de 232.976.

Comment l'ouvrier peut-il être efficacement garanti contre tant de maux qui l'accablent à la fois et dont le moindre a pour effet de le priver de son salaire et de le condamner à une misère immédiate ? Poser le problème, c'est indiquer l'impérieuse nécessité de le résoudre, mais par quels moyens ? C'est là que se dressent de redoutables difficultés.

Brentano a énuméré les assurances qui sont nécessaires pour garantir l'ouvrier contre les principaux risques qui peuvent l'assaillir, lui ou les siens, et il a indiqué comme nécessaires :

1° Une rente temporaire commençant au décès de

l'ouvrier et permettant d'élever ses enfants jusqu'à ce qu'ils soient en âge de se suffire à eux-mêmes ;

2° Une rente viagère lui garantissant de quoi vivre dans sa vieillesse ;

3° Une assurance de funérailles ;

4° Une rente temporaire personnelle en cas d'infirmité prématurée, pour l'alimentation jusqu'à l'âge de la retraite ;

5° Une assurance contre la maladie ;

6° Une assurance contre le chômage.

Tout d'abord l'ouvrier peut-il épargner sur son salaire la somme nécessaire pour s'assurer contre tous les risques ? Le statisticien Engel a tenté de déterminer le prix des diverses assurances ; depuis, Brentano s'est approprié ses conclusions. Il estime qu'une rente de 500 francs, exigeant une prime annuelle de 100 francs, serait à la fois nécessaire et suffisante pour élever les enfants jusqu'à l'âge de 16 ans, en cas de mort du père.

En ce qui concerne la maladie, Engel pense qu'un secours de 11 fr. 25 par semaine pourrait suffire : la prime serait de 20 fr. 25.

La pension de retraite devrait être obtenue à l'âge de 65 ans et ne pas être inférieure à 433 fr. 50 ; elle coûterait 15 francs par an.

Pour 4 fr. 60 de plus, on pourrait avoir un secours annuel — bien faible — de 150 francs en cas d'infirmité avant l'âge de 66 ans. Un secours de 75 francs pour les funérailles serait acquis moyennant une prime de 1 fr. 50. Enfin une somme de 12 fr. 50 par semaine en cas de chômage nécessiterait une prime de 75 francs par an.

Le total de ces diverses primes est de 216 fr. 25, encore faut-il remarquer qu'Engel suppose l'assurance contractée à l'âge de 16 ans ; si elle l'était plus tard, une prime plus élevée serait nécessaire. D'autre part, les chiffres d'Engel seraient sans doute plus élevés aujourd'hui en raison de la baisse de l'intérêt.

Quoi qu'il en soit, acceptons le total de 216 fr. 25 et voyons si le salaire actuel de l'ouvrier lui permettrait de faire face à ces dépenses, après avoir déterminé ce qui est nécessaire à sa subsistance.

Engel indiquait le chiffre de 1 fr. 25 comme suffisant pour la dépense quotidienne de l'ouvrier et de sa famille. Mais quelques années plus tard, Brentano en reconnaissait l'insuffisance et il posait en principe que la somme de 3 fr. 12 était indispensable.

Si nous prenons ce chiffre comme base, nous arrivons à une somme de 1.138 fr. 80 par an, qui ajoutée aux 216 fr. 25 nécessaires pour le paiement des primes, donne un total de 1.355 fr. 05.

Or, en supposant, comme le fait Brentano, que

l'ouvrier travaille 305 jours par an, son salaire journalier devrait donc être au moins égal à 4 fr. 44, sur lesquels la part de l'assurance serait d'environ 0 fr. 75. Mais Brentano est beaucoup trop optimiste en admettant le chiffre de 305 jours de travail. Les statistiques de l'Office du travail fixent un nombre de journées certainement inférieur à 290 et supérieur à 200, et les syndicats donnent une moyenne de 250 jours.

Avec cette dernière appréciation, le salaire quotidien moyen de l'ouvrier devrait s'élever à 5 fr. 42 pour lui permettre de faire face au total de ses dépenses.

Or, quel est le salaire moyen actuel ? Il serait en général de 4 fr. 20 environ, d'après l'Office du travail, soit 6 fr. 30 dans le département de la Seine, et 3 fr. 90 en province, et encore il ne s'agit que de la grande et de la moyenne industrie. Dans la petite industrie il est bien inférieur.

Eh bien ! n'est-il pas évident que, même en tenant compte du salaire de la femme et des enfants, et des prestations en nature que peut recevoir parfois l'ouvrier, son salaire est notoirement insuffisant pour lui permettre de s'assurer contre les risques qui le menacent ?

Et dans ces conditions est-il possible de lui reprocher sérieusement de ne pas songer à se prémunir contre l'avenir? Est-il admissible d'autre part d'accepter une aussi criante injustice sociale? Il semble que la réponse s'impose.

Il est nécessaire de protéger l'ouvrier contre son insouciance ou, pour être plus juste, contre son impuissance à assurer lui-même sa sécurité.

Tel est le mouvement qui, depuis un certain nombre d'années déjà, pousse à l'organisation des assurances ouvrières ; nous verrons, en étudiant le fonctionnement de l'assurance allemande, quelles grandes idées en ont été l'origine.

Mais le principe une fois admis, la difficulté qui se présente est double : il faut d'abord instituer les organes de l'assurance, il faut arriver ensuite à les rendre accessibles à l'ouvrier.

C'est ici que se heurtent deux théories absolument opposées : l'Etat doit-il imposer l'assurance à l'ouvrier imprévoyant? doit-il au contraire encourager seulement l'affiliation de l'ouvrier en respectant son initiative individuelle?

Presque tous les gouvernements d'Europe se sont préoccupés de ces graves questions ; quelques-uns les ont franchement résolues dans le sens de l'obligation imposée par l'Etat : ce sont l'Allemagne, l'Autriche, la Hongrie, le Luxembourg, la Suisse (1),

1. En Suisse la loi fédérale du 5 octobre 1899 a bien adopté l'assurance obligatoire, mais en mai 1900 le referendum populaire l'a rejetée à une énorme majorité.

le Danemark, qui ont adopté l'ensemble des assurances ouvrières. Plusieurs en sont encore aux études préliminaires ; d'autres, enfin, sont restés
jusqu'ici absolument réfractaires à toute idée d'assurance obligatoire ; parmi ceux-là nous citerons
l'Angleterre. En France, l'opinion s'y est également
montrée jusqu'ici très hostile et, cependant, le législateur, par des lois récentes, a imposé le principe
de l'obligation à deux catégories de travailleurs, les
ouvriers mineurs et les marins du commerce. La
loi du 9 avril 1898 sur les accidents du travail ne
crée pas pour l'ouvrier ni pour le patron l'assurance
obligatoire ; et cependant si l'assurance n'est pas
obligatoire en droit, il faut bien reconnaître qu'elle
l'est en fait, car si la plupart des patrons visés par
la loi ne s'assuraient pas, ils seraient chaque jour à
la veille de la faillite.

Mais, d'ailleurs, il existe même dans la loi du
9 avril 1898 des dispositions qui relèvent nettement du principe de l'obligation. Nous voulons parler du fonds de garantie institué par la loi pour sup-
pléer à l'insolvabilité des patrons. Qu'est-ce que ce
fonds de garantie, sinon un organe d'assurance obligatoire, puisque tous les patrons sont forcés d'y
contribuer ? Et n'est-ce pas là une nouvelle preuve
qu'en France on se paie trop facilement de mots ?

Les partisans de l'obligation et ceux de la liberté

ne manquent pas d'ailleurs d'arguments pour justifier leur théorie.

Le principe de l'assurance obligatoire, disent les premiers, est un principe moral qui provient de la conscience de plus en plus nette qu'acquièrent les patrons et les ouvriers de l'étroite solidarité de leurs intérêts. Sans doute cette notion est encore inégalement développée et il existe dans la vie sociale trop d'exemples d'une lutte âpre et stérile entre les deux classes ; mais les progrès de l'idée s'affirment chaque jour, et sa fécondité s'est déjà révélée par l'expérience. En effet les enseignements de l'histoire nous démontrent que la prospérité des classes dirigeantes est en rapport avec la façon dont elles comprennent leurs devoirs envers la classe laborieuse. Or, il est incontestable que les moyens employés jusqu'ici pour conjurer ou tout au moins pour atténuer les maux qui menacent le travailleur, n'ont pas atteint leur but ; en présence de besoins sans cesse grandissants, les œuvres d'assistance privée ont augmenté, il est vrai, mais elles demeurent forcément impuissantes.

Dans les pays où l'industrie a atteint un grand développement, c'est par millions que se comptent ceux qu'il faut protéger. Comment songer à assurer avec de faibles moyens la protection d'un si grand nombre ?

D'autre part, l'imprévoyance de l'ouvrier est un

fait indiscutable ; en admettant qu'il ait des ressources suffisantes pour s'assurer, ce qui, nous l'avons vu, est au moins problématique, il ne songerait même pas à le faire. Il est donc nécessaire de le protéger malgré lui. Pour cela, il ne suffit pas de lui offrir les bienfaits de la mutualité, il faut les lui imposer.

Le bien-être de la classe ouvrière étant une garantie de sécurité pour l'Etat, pour la patrie, c'est donc à l'Etat, seul assez puissant pour mener à bien une pareille entreprise, qu'il appartient de l'organiser. Sans aucun doute, il faut s'attendre à des protestations ; on criera au socialisme d'Etat ! Qu'importent les critiques, si l'œuvre, inspirée par une pensée de haute moralité, atteint son but ? Si la réussite est une garantie de la prospérité économique du pays ?

A cet égard, ajoutent les théoriciens de l'assurance obligatoire, l'exemple de l'Allemagne n'est-il pas frappant?

En moins de vingt ans, elle a réussi à organiser un véritable réseau d'assurances ouvrières qui protège toutes les catégories de travailleurs contre les risques les plus graves qui les menacent. Et c'est précisément pendant cette même période que l'Allemagne a atteint son prodigieux développement économique. Le rapprochement de ces deux faits n'est-il pas concluant ? L'éloquence des chiffres n'est-elle pas assez convaincante ?

Rien n'est plus fâcheux, ripostent les individualistes que de faire intervenir l'Etat dans des questions d'ordre purement privé. Chacun doit être libre d'entendre ses intérêts comme il lui plaît et de les diriger à sa façon. L'ouvrier est imprévoyant, soit, il en a le droit, et ce n'est pas la fonction de l'Etat de lui imposer la prévoyance; en dehors des questions qui touchent à l'ordre public, l'Etat ne doit se préoccuper que d'encourager l'épanouissement de l'initiative individuelle. Vous dites que l'imprévoyance des ouvriers est le principal obstacle à l'assurance libre. Eh bien ! allez chercher le mal dans sa racine, et pour lui porter remède, stimulez, favorisez par tous les moyens possibles le développement des institutions mutualistes ; tout en laissant l'ouvrier libre de s'y affilier, encouragez-le à le faire en répandant par la parole et par la plume les bienfaits de la mutualité, mais ne faites pas appel à l'Etat-Providence, ne supprimez pas les précieux effets de l'effort individuel, si propre à relever la dignité de l'ouvrier, à lui donner conscience de ses devoirs moraux. Imposer l'assurance, c'est détruire ses meilleurs fruits, c'est revenir par une voie détournée à l'assistance publique en voulant l'éviter.

Et puis, ajoute-t-on, l'exemple de l'Allemagne est-il aussi concluant qu'on se plaît à l'affirmer? L'établissement de l'assurance obligatoire n'a pas paru, il est vrai, nuire au développement industriel du pays, mais existe-t-il vraiment entre ces deux faits une relation de cause à effet? et s'il en existe une, ne peut-on pas dire que c'est plutôt la prospérité économique de l'Allemagne pendant ces dernières années qui lui a permis de supporter le fardeau de l'assurance obligatoire?

Dès lors n'est-il pas possible de craindre que le jour où une crise prolongée viendrait à faire disparaître ou même seulement à diminuer cette prospérité, le pays serait hors d'état de continuer à assumer une pareille charge? L'Etat aurait alors encouru une terrible responsabilité et se serait imprudemment exposé aux pires revendications.

Enfin, conclut l'école individualiste, l'assurance obligatoire est-elle vraiment une garantie de la paix sociale? Sur ce point, l'Allemagne elle-même risquerait fort de ne pas nous convaincre, car malgré les résultats incontestables des lois d'assurance, les socialistes ne cessent pas de les critiquer et de prodiguer leurs attaques au gouvernement, qui les a instituées. Voilà donc une tentative d'apaisement bien peu encourageante.

Tels sont, brièvement résumés, les arguments en apparence irréductibles qui divisent les deux écoles. En France, nous avons cet avantage considérable de pouvoir profiter de l'expérience de nos voisins et de juger les résultats du système avant de l'appliquer chez nous, mais si nous constatons que ces résultats sans être parfaits sont vraiment satisfaisants, nous ne devons pas hésiter à tirer parti d'un exemple utile d'où qu'il nous vienne.

L'objet de notre travail sera d'examiner les résultats donnés en France par les sociétés de secours mutuels en ce qui concerne spécialement l'assurance contre la maladie; mais auparavant nous étudierons l'organisation et le fonctionnement de ces associations, estimant qu'une vue d'ensemble est nécessaire avant d'apprécier les résultats particuliers.

En second lieu, et afin de compléter les éléments de la question que nous nous sommes proposée, nous choisirons deux pays dont les tendances sur le terrain de l'assurance ouvrière, sont les plus opposées; nous voulons parler de l'Allemagne et de l'Angleterre. En premier lieu nous examinerons très brièvement les friendly societies anglaises afin de montrer les résultats acquis par la mutualité libre dans le pays où elle paraît avoir atteint son maximum de développement.

Ensuite nous étudierons l'organisation de l'assurance obligatoire allemande contre la maladie et nous essaierons de nous rendre compte avec autant d'exactitude que possible des résultats qu'elle a donnés (1).

1. Nous ne pouvons pas songer, étant donné les proportions de ce travail, à faire une étude analytique des différents actes législatifs. En dehors des dispositions d'ordre gé-

En terminant notre travail nous proposerons sans parti pris la solution qui nous semblera la plus conforme au résultat de nos investigations.

néral, nous examinerons uniquement celles qui ont spécialement trait à notre matière car nous avons surtout en vue d'établir des faits bien précis.

CHAPITRE PREMIER

I. *La législation des sociétés de secours mutuels. Régime du décret du 26 mars 1852. Ses résultats.*
II *La loi du 1ᵉʳ avril 1898. Caractères généraux et esprit de la loi.*

I

L'idée de mutualité est aussi ancienne que l'idée d'association ; chez toutes les nations civilisées de l'antiquité dont l'histoire est parvenue jusqu'à nous, ont existé des institutions qui, sans doute, ne rappellent que de fort loin l'organisation de nos sociétés de secours mutuels, mais qui reposaient sur le même principe d'assistance réciproque de leurs membres.

A son tour, le moyen âge a vu renaître sous diverses formes l'esprit d'association ; comme dans l'antiquité le but mutualiste n'apparaît pas toujours au premier plan ; il est masqué par des préoccupations politiques ou religieuses, mais il n'en produit pas moins ses bienfaisants effets.

En France les corporations entre marchands et artisans, groupés pour mieux soutenir leurs communs intérêts, furent imprégnées à leur origine d'un véritable esprit fraternel qui les rapprochait de la mutualité. Aujourd'hui on retrouve encore dans certaines parties de la France et notamment dans l'ouest et le sud-ouest des sociétés qui se réclament des anciens compagnonnages et qui ont conservé leurs bizarres appellations : ce sont les chevaliers du devoir ou bien les compagnons de maître Jacques et du père Soubise, organisés d'ailleurs en véritables sociétés de secours mutuels.

Enfin il faut dire un mot d'une institution dont les traces ont également persisté jusqu'à nos jours : ce sont les confréries, qui, en dehors de leur caractère religieux remplissaient à l'égard de leurs membres et sous les formes les plus variées des devoirs quotidiens d'assistance ; elles possédaient une caisse alimentée par des cotisations, des droits d'entrée, le produit de dons et de legs, et en retour elles délivraient des secours en cas de maladie. Elles payaient également les frais funéraires et faisaient même des avances aux confrères les plus nécessiteux. Ce sont elles, on le voit, qui rappellent le mieux l'organisation de nos sociétés de secours mutuels. Beaucoup d'anciennes sociétés notamment dans le midi de la France, ont d'ailleurs conservé le titre des confréries dont la plupart sont issues ; ainsi la société de secours mutuels de Saint-Jacques à Bordeaux fait remonter son origine à la confrérie de Saint-Jacques, fondée en cette ville au xv° siècle.

Telle est, résumée en quelques mots, l'évolution de l'idée de mutualité. Mais si elle était depuis longtemps entrée dans la pratique, ce qui lui faisait totalement défaut c'était une organisation propre. Aucun calcul ne servait de base à la fixation des cotisations et à la quotité des secours ; la caisse sociale payait indistinctement toutes les dépenses quels que fussent leurs objets et elle se trouvait souvent dans l'impossibilité de faire face aux plus urgentes. Aucune corrélation n'existait et ne pouvait exister entre les recettes opérées par la société et les secours qu'elle attribuait à ses membres ; il manquait en effet à la mutualité un élément indispensable à son bon fonctionnement, nous voulons parler de la statistique.

Mais elle devait attendre longtemps avant de profiter de la découverte nouvelle. La Révolution dans sa lutte contre les associations de l'ancien régime enveloppa en effet toutes les institutions mutualistes dans une absolue prohibition. L'Empire à son tour, sans prendre directement ombrage des sociétés de secours mutuels, encore trop peu nombreuses pour attirer l'attention, les plaça sous le régime du bon plaisir uniformément imposé par l'article 291 du Code pénal à toutes les catégories d'associations.

Malgré la tourmente qu'elle venait de subir, la mutualité avait cependant réalisé de véritables progrès : Paris qui n'avait vu se créer que treize sociétés de 1794 à 1806, en comptait 124 en 1822. Lyon, Bordeaux, Grenoble et la plupart des grandes villes de France possédaient également une ou plusieurs associations, qui toutes avaient pour but essentiel, en dehors de toute préoccupation politique ou religieuse, de donner des secours à leurs membres en cas de maladie. Mais un nouveau ralentissement allait risquer de se produire.

En effet, lors de la promulgation de la loi du 10 avril 1834, dont l'article 1er aggravait encore l'art 291 du Code pénal en le rendant applicable aux sections de sociétés comptant moins de vingt personnes, même lorsqu'elles n'avaient pas de réunions à jours fixes, les sociétés de secours mutuels se trouvèrent toutes exposées à la dissolution. Heureusement, pour les rassurer, le gouvernement s'empressa de déclarer que la loi nouvelle ne visait pas les sociétés mutuelles qui ne s'écarteraient pas de leur but et dès l'année suivante, pour confirmer ces bonnes intentions, la loi du 5 juin 1835, la première loi française qui fasse mention des sociétés de secours mutuels, leur permit de faire des placements aux Caisses d'épargne jusqu'à concurrence de 6.000 francs.

On comprenait donc enfin le rôle considérable et

bienfaisant qu'étaient appelées à jouer ces institutions, et cependant elles devaient rester pendant plusieurs années encore sous l'empire de l'art. 291 du Code pénal. En 1847 leur nombre était devenu considérable ; on comptait 2.056 livrets de Caisses d'épargne appartenant aux sociétés et il faut remarquer que beaucoup d'entre elles plaçaient leurs fonds ailleurs.

La Révolution de 1848 en proclamant la liberté d'association rendait aux sociétés de secours mutuels une complète indépendance qui fut consacrée par une circulaire du Ministre de l'intérieur du 31 août 1848. Mais cette liberté sans limites ne pouvait tenir lieu d'une réglementation par la voie législative, que les mutualistes eux-mêmes désiraient vivement.

Deux propositions de loi, que nous notons en passant à cause du principe d'obligation qui en est la base, furent soumises à l'Assemblée constituante, au nom d'une commission par elle instituée pour examiner les moyens propres à améliorer le sort des travailleurs. La première qui émanait de Waldeck-Rousseau, tendait à imposer à l'Etat, aux départements et aux communes une contribution spéciale au profit des Caisses de prévoyance. La seconde, présentée par Rouveure frappait les patrons d'une contribution obligatoire en faveur des mêmes institutions. Ces deux propositions furent rejetées : elles étaient beaucoup trop en avance sur les idées de l'époque.

Une troisième proposition, présentée par Ferrouillat à la Constituante et reprise par Benoist d'Azy devant l'Assemblée législative, devint la loi du 15 juillet 1850, qui fut la première loi organique des sociétés de secours mutuels. Elle fut complétée par le décret du 14 juin 1851.

Cette loi avait pour but, moyennant certaines obligations mises à la charge des sociétés, de leur permettre d'être reconnues comme établissements d'utilité publique et de jouir à ce titre d'avantages considérables dont les principaux étaient :

1° La faculté de faire aux Caisses d'épargne des dépôts de fonds égaux à la totalité de ceux qui étaient permis à chacun de leurs membres pris individuellement ;

2° La faculté de verser les fonds sociaux à la Caisse des dépôts et consignations lorsqu'ils dépassaient une certaine somme. La Caisse leur servait un intérêt de 4 1/2 0/0 ;

3° Le droit de recevoir des dons et des legs et de posséder des biens meubles et immeubles ;

4° Le droit d'obtenir gratuitement de la commune, un local pour la réunion de la société, ainsi que les livrets et registres nécessaires à l'administration et à la comptabilité ;

5° L'exemption des droits de timbre et d'enregistrement pour tous les actes intéressant la société.

Nous avons énuméré ces avantages exceptionnels parce qu'ils ont tous été conservés aux sociétés de secours mutuels par les lois postérieures qui n'ont fait que les étendre et les augmenter. Les faveurs spéciales dont elles étaient appelées à jouir justifiaient les obligations qui leur étaient imposées : nous indiquerons seulement celles qui ont une relation intéressante avec le sujet que nous traitons. En dehors d'une demande de reconnaissance comme établissement d'utilité publique par acte notarié formée par la société, les statuts devaient indiquer :

Le but de la société ;

La circonscription sur laquelle elle devait s'étendre ;

Les conditions d'admission et d'exclusion ; le mode d'administration ;

Les droits aux secours ;

Le montant et le mode de perception des cotisations ; le placement des fonds.

La société devait compter au moins cent membres et ne pas dépasser deux mille, et il lui était formellement interdit de promettre des pensions de retraite à ses membres.

Nous aurons plus loin l'occasion d'apprécier l'utilité de ces deux dernières prescriptions. Ce qui est incontestable, c'est que les règles de la demande de reconnaissance posées par la loi de 1850 n'étaient pas assez simples pour être à la portée de la grande majorité des sociétés ; aussi les sociétés reconnues furent-elles très peu nombreuses ; on n'en comptait que 17 au 31 décembre 1899.

D'ailleurs la loi de 1850 était à peine en vigueur qu'apparaissait le décret du 26 mars 1852 qui devait pendant près de cinquante ans constituer le Code de la mutualité française.

Le décret de 1852 a créé une nouvelle catégorie d'associations, les sociétés approuvées. Il y eut donc à partir de cette époque trois catégories de sociétés : les sociétés reconnues comme établissements d'utilité publique dont nous venons de parler ; les sociétés approuvées et enfin les sociétés autorisées, existant seulement comme simples associations, sous les dispositions peu favorables de l'art. 291 du Code pénal et de la loi du 10 avril 1834.

Les sociétés approuvées, spécialement régies par le décret de 1852, bénéficièrent de tous les avantages des sociétés reconnues, sauf le droit de posséder des immeubles (1). En outre, les formalités de l'approbation administrative étaient plus simples et moins coûteuses que celles de la reconnaissance d'utilité publique ; enfin les sociétés approuvées pouvaient,

____

1. En retour les sociétés reconnues bénéficiaient d'ailleurs de tous les avantages nouveaux des sociétés approuvées.

si elles avaient un nombre suffisant de membres
honoraires, promettre des pensions aux sociétaires
(art. 6). Cette dernière disposition fut abrogée par
le décret du 26 avril 1856 qui régla les conditions
auxquelles les sociétés approuvées pourraient servir des retraites à leurs membres.

Il ne rentre point dans notre sujet de faire un
examen critique et détaillé du décret de 1852, qui
n'a plus, depuis la loi du 1ᵉʳ avril 1898, qu'un intérêt rétrospectif. Nous verrons d'ailleurs, en jetant
un coup d'œil sur les travaux préparatoires de la
loi nouvelle, quelles furent les principales objections formulées contre le régime du décret de 1852 :
nous nous permettons seulement de signaler en
passant une disposition essentielle dont les résultats de notre travail nous amèneront peut-être à
regretter l'absence dans la loi nouvelle. C'est la
limitation du but assigné aux sociétés de secours
mutuels dont la fonction primordiale, comme leur
nom l'indique, est d'allouer à leurs membres des
« secours en cas de maladies, de blessures ou d'infirmités et de pourvoir à leurs frais funéraires »
(art 6).

En tout cas, quelle que soit l'opinion qu'on puisse
professer à l'égard du décret de 1852, il est incontestable qu'il fut le point de départ de l'essor de la
mutualité française, et nous n'en voulons pour
preuve que les quelques chiffres qui suivent et qui

nous paraissent à cet égard tout à fait concluants. Le tableau comparatif ci-dessous indique le nombre et la situation des sociétés approuvées de cinq en cinq ans, depuis 1852 jusqu'au 31 décembre 1897, c'est-à-dire à la veille de la promulgation de la nouvelle loi:

Années	Nombre de sociétés	Nombre de membres participants	Nombre de membres honoraires	Total des membres	Avoir total
					fr.
31 déc. 1852...	50	11.794	2.318	14.112	728.318 06
— 1857...	1.672	201.839	44.160	245.999	8.927.274 35
— 1862...	2.892	352.654	64.871	417.525	18.061.805 71
— 1867...	4.127	524.602	101.818	626.420	30.959.806 26
— 1872...	4.237	494.198	95.731	589.929	41.731.067 58
— 1877...	4.352	573.472	115.910	689.382	59.893.615 46
— 1882...	5.188	704.744	141.988	846.732	82.811.476 65
— 1887...	6.093	817.095	167.722	984.817	118.948.705 64
— 1892...	7.070	925.581	194.859	1.120.440	161.188.589 83
— 1897...	8.211	1.146.503	233.499	1.380.002	220.310.870 40

Ainsi en 45 ans, par un progrès ininterrompu, le nombre des sociétés approuvées s'est élevé à plus de huit mille. Le nombre de leurs membres a centuplé et leur fortune a passé de quelques milliers de francs à la somme considérable de deux cent vingt millions !

Est-il possible en présence de pareils chiffres de

croire que le décret de 1852 ne renfermait pas de
fort sages dispositions? Il nous semble bien difficile
de l'admettre. Loin de nous la pensée de vouloir
fermer les yeux sur les préoccupations politiques
qui s'y révèlent çà et là ; nous sommes les premiers
à les considérer comme fâcheuses dès lors surtout
que le but à atteindre est purement humanitaire.
Mais qu'importe, si elles n'ont pas nui sensiblement au résultat final ?

II

Depuis une vingtaine d'années, la législation de
1852 était cependant devenue l'objet de la part des
mutualistes des critiques les plus diverses et parfois les plus exagérées. On oubliait les dispositions
utiles et favorables du décret pour ne plus voir en
lui qu'un ensemble de prescriptions autoritaires
enlevant toute initiative aux sociétés. On protestait
surtout contre le cadre étroit dans lequel elles se
trouvaient enfermées et on voulait élargir leur
champ d'action. Déjà, malgré le texte formel des
décrets de 1852 et de 1856, plusieurs sociétés assurant exclusivement à leurs membres une pension
de retraite avaient réussi à se faire conférer l'approbation. La législation était donc considérée comme
mauvaise en soi : c'était une réforme complète
qu'on voulait opérer.

Dès 1881, le Parlement était saisi, d'un projet de loi sur les sociétés de secours mutuels, présenté par M. Hippolyte Maze. En 1882, MM. René Goblet, ministre de l'intérieur et Léon Say, ministre des finances, présentent un nouveau projet qui jusqu'en 1893 fut à plusieurs reprises soumis aux deux chambres et successivement remanié, puis définitivement délaissé en fin de législature. Mais dès le mois de décembre 1893, M. Audiffred déposait sur le bureau de la Chambre une proposition de loi qui respectait les grandes lignes des précédents projets et qui tenait compte également des vœux exprimés dans les différents congrès mutualistes.

La Chambre adopta le nouveau projet sans aucun changement dans ses séances des 21 mai, 28 mai et 4 juin 1897. Le Sénat, sur le rapport de M. Lourties, apporta seulement quelques modifications de détail au texte proposé et le retourna à la Chambre qui l'accepta. Après plus de seize ans de débats parlementaires la loi fut enfin promulguée le 1er avril 1898.

Un seul mot pourrait suffire à caractériser son esprit, c'est le mot de la liberté. Le décret de 1852, né sous un gouvernement autocratique, était à tort ou à raison considéré comme en ayant reçu l'empreinte ; le législateur de 1898 eut pour premier souci de garantir les sociétés contre l'arbitraire administratif.. Ensuite pour répondre aux vœux

d'un grand nombre de mutualistes, la loi étendit le
champ d'action des sociétés à tous les risques naturels pouvant atteindre la personne ; désormais elles
ont le droit, aux termes de l'art. 1er, d'assurer aux
sociétaires et à leurs familles des secours en cas de
maladie, de blessures ou d'infirmités, de leur constituer des pensions de retraite, de contracter à leur
profit des assurances individuelles ou collectives en
cas de vie, de décès ou d'accidents, de pourvoir aux
frais des funérailles et d'allouer des secours aux
veufs, veuves et orphelins des membres participants décédés.

Le nouveau domaine des sociétés de secours
mutuels est donc des plus vastes ; si nous nous
reportons à l'énumération des diverses assurances
indiquées par M. Brentano comme nécessaires pour
garantir l'ouvrier contre les divers risques qui le
menacent, nous verrons que le législateur de 1898
a permis aux sociétés de secours mutuels de les
réaliser toutes, puisqu'elles ont même le droit,
moyennant, il est vrai, une cotisation spéciale, d'assurer leurs membres contre le chômage (1).

Les sociétés peuvent désormais poursuivre indistinctement un des buts déterminés par la loi ; il
leur est loisible de s'attacher exclusivement à la

1. Elles peuvent également et à la même condition créer
des cours professionnels et des offices de placements gratuits.

pension de retraite ou aux assurances, sur la vie ou en cas de décès ; leur liberté est entière. Donnera-t-elle sur tous les points les résultats qu'a espérés le législateur et que beaucoup de mutualistes ont à l'avance considérés comme certains ? L'avenir seul pourra nous le dire, car la loi de 1898 est encore trop récente pour qu'il soit possible d'en apprécier la portée utile. Mais ce qui, à première vue, nous semble fâcheux, c'est que l'assurance contre la maladie, qui est pour ainsi dire le fondement même de la mutualité, et dont les bienfaits sont indiscutables, soit en quelque sorte confondue par la loi nouvelle avec les opérations à long terme qui présentent des caractères absolument différents. Sans doute nous estimons qu'il est d'une importance considérable pour le travailleur de pouvoir se prémunir contre la vieillesse et les infirmités, contre les conséquences qu'entraîne pour la famille le décès prématuré de son chef, mais nous nous demandons si ces diverses assurances qui nécessitent des calculs compliqués et qui exigent des garanties de toutes sortes, se trouvent placées sur des épaules assez robustes. Qu'on y prenne garde : si nos appréhensions, ce qu'à Dieu ne plaise, se trouvaient justifiées, on aurait ainsi demandé aux travailleurs français un effort stérile et sans utilité ; on aurait créé pour eux une dangereuse illusion qui n'aurait fait que retarder l'heure inévitable où l'Etat se sentira seul assez fort pour

assumer le lourd fardeau des assurances ouvrières!
Et sur ce point le projet de loi sur les retraites
ouvrières qui se discute au lendemain de la loi de
1898 semble déjà nous donner raison.

Mais n'anticipons point sur les résultats de notre
travail, et contentons-nous quant à présent de constater la différence essentielle apportée par la nouvelle loi au fonctionnement de l'assurance contre
la maladie par les sociétés de secours mutuels :
sous l'empire du décret de 1852, c'était la condition
même de leur existence, et les pensions de retraites
ne pouvaient être constituées qu'au moyen des
excédents de recettes, tandis que désormais les
sociétés sont libres d'organiser comme elles l'enten-
dent leur service d'assurance contre la maladie ou
même de le supprimer entièrement. C'est là un point
dont l'importance ne saurait échapper pour la question qui nous occupe.

CHAPITRE II

I. *Avantages.* — II. *Obligations des sociétés de secours mutuels*

La loi du 1er avril 1898 (art. 14) a cru devoir conserver les trois catégories de sociétés telles que nous les avons désignées ; sociétés reconnues, sociétés approuvées, sociétés autorisées, qui deviennent sociétés libres.

Les sociétés reconnues restant soumises aux règles de la loi de 1850 et étant admises par l'art. 33 de la loi à bénéficier de ses avantages, nous ne nous occuperons dans la suite de ce travail que des sociétés approuvées et des sociétés libres à l'organisation desquelles le législateur de 1898 s'est d'ailleurs presque exclusivement consacré.

C'est surtout à propos des formalités nécessaires à leur création que la nouvelle loi a voulu nettement affranchir les sociétés des exigences dont elles étaient l'objet, plutôt d'ailleurs en droit qu'en fait.

Désormais, une société qui veut se conformer à la loi n'a qu'à déposer contre récépissé en double exemplaire ses statuts avec la liste de ses administrateurs à la préfecture ou à la sous-préfecture. Un mois après elle peut fonctionner. Voilà évidemment une mesure des plus libérales et qui supprime toutes les critiques. Aucune autre formalité n'est imposée aux sociétés libres ; quant aux sociétés approuvées qui bénéficient de la part de l'Etat, d'avantages considérables, elles demeurent obligées de soumettre leurs statuts à l'autorité administrative, et par un curieux effet de recentralisation, ce n'est plus le préfet, c'est le ministre de l'intérieur qui est chargé de les approuver ; mais la loi déclare que l'approbation ne pourra être refusée que dans deux cas : 1° pour non conformité de statuts avec les dispositions de la loi : 2° Si les statuts ne prévoient pas des recettes proportionnées aux dépenses pour la constitution des retraites garanties ou des assurances en cas de vie, de décès ou d'accidents. En cas de refus, un recours est ouvert devant le conseil d'Etat.

En somme, la nouvelle loi a un caractère transactionnel ; aux mutualistes hostiles à toute idée d'intervention de l'Etat elle offre les sociétés libres ; à ceux qui sont partisans de la tutelle de l'Etat, elle conserve le régime de l'approbation ; mais si les sociétés libres sont affranchies de l'arbitraire administratif que faisaient peser sur elles les régimes antérieurs, en revanche elles se trouvent dans un état d'infériorité manifeste à l'égard des sociétés approuvées auxquelles le gouvernement qui les contrôle, réserve ses faveurs.

Il ne serait cependant pas exact de dire que la loi de 1898 n'a rien fait de plus pour les sociétés libres ; elle les a dotées en effet dans les art. 1 à 15 d'un certain nombre d'avantages précieux qui leur sont communs avec les sociétés approuvées et que nous allons énumérer rapidement.

Aux termes de l'art. 8 de la loi, les sociétés de secours mutuels libres ou approuvées peuvent former entre elles, en conservant leur autonomie, des unions ayant notamment pour but :

a) L'organisation en faveur des membres participants des soins et secours énumérés dans l'art. 1er, notamment la création des pharmacies mutualistes dans les conditions déterminées par les lois spéciales sur la matière ;

b) L'admission des membres participants qui ont changé de résidence ;

c) Le règlement de leurs pensions viagères de retraite ;

d) L'organisation d'assurances mutuelles pour les

risques divers auxquels les sociétés se sont engagées à pourvoir, notamment la création de caisses de retraite communes à plusieurs sociétés pour les opérations à long terme et les maladies de longue durée ;

e) Le service des placements gratuits.

Nous aurons à revenir sur les unions de sociétés et sur le rôle considérable qu'elles doivent être appelées à jouer ; nous nous contentons pour le moment d'indiquer qu'aux termes du règlement d'administration publique du 25 mars 1901, les unions ne peuvent être constituées qu'entre sociétés de la même catégorie : une union approuvée doit être exclusivement composée de sociétés approuvées. On conçoit d'ailleurs que des sociétés libres pourraient en s'affiliant à des unions approuvées bénéficier des avantages considérables qui sont la conséquence de l'approbation, sans se soumettre aux exigences imposées par la loi ; c'est un inconvénient que le législateur a voulu éviter.

L'art. 9 de la loi confirme pour les sociétés libres et les sociétés approuvées le droit de contracter des assurances en cas de décès ou d'accidents aux caisses d'assurances instituées par la loi du 11 juillet 1868 et en se conformant aux prescriptions des art. 7 et 15 de la dite loi. L'art. 7 de la loi de 1868 dispose que les sociétés approuvées sont admises à contracter des assurances collectives sur une liste indiquant le nom et l'âge de tous ceux qui les composent, pour assurer au décès de chacun d'eux une somme fixe qui, en aucun cas, ne peut excéder mille francs. L'art. 15 s'applique aux sociétés autorisées, dénommées libres par la loi du 1er avril 1898.

Une prérogative d'une importance considérable est attribuée aux mutualistes par l'art. 12 de la loi, qui déclare que toutes sommes et tous titres à remettre par les sociétés de secours mutuels à leurs membres participants sont incessibles et insaisissables jusqu'à concurrence de 360 francs par an pour les rentes et de 3.000 francs pour les capitaux assurés.

Enfin, la loi accorde par son article 13 le droit aux sociétés ayant satisfait aux prescriptions des articles précédents « d'ester en justice, tant en demandant qu'en défendant par le président ou par le délégué ayant mandat spécial à cet effet, et d'obtenir l'assistance judiciaire aux conditions imposées par la loi du 22 janvier 1851 ».

A cette série d'avantages communs aux sociétés approuvées et aux sociétés libres, l'art. 15 ajoute pour ces dernières le droit de faire des actes de simple administration, de posséder des objets mobiliers, de prendre des immeubles à bail pour l'installation de leurs services. Elles peuvent en outre, avec l'autorisation du préfet, recevoir des dons et legs mobiliers ; mais elles ne peuvent acquérir des immeubles sous quelque forme que ce soit, sauf ceux qui sont exclusivement affectés à leurs services et elles ne peuvent être autorisées à recevoir des dons et legs immobiliers qu'à charge de les aliéner.

Tel est le régime nouveau sous lequel sont placées les sociétés de secours mutuels libres, régime infiniment plus avantageux que celui sous lequel avaient vécu leurs aînées les sociétés autorisées, puisque, sans avoir aucune prérogative spéciale, elles étaient soumises au droit commun et exposées chaque jour à voir rapporter l'arrêté d'autorisation, qui leur avait donné l'existence légale (1). Mais quelles que soient les faveurs dont jouissent les sociétés libres, elles ne sont pas comparables à celles dont le législateur de 1898, suivant dans cette voie l'esprit du décret de 1852, a doté les sociétés approuvées.Nous allons en donner un rapide aperçu.

L'art. 17 de la loi innove en étendant aux legs immobiliers la capacité civile des sociétés approuvées ; les immeubles pourront être conservés ou aliénés, selon que décidera à cet égard le décret d'autorisation. L'autorisation administrative est toujours nécessaire en effet pour permettre aux sociétés libres

---

1. Il faut observer d'ailleurs que l'administration usa toujours très modérément de ce droit envers les sociétés.

et approuvées d'accepter les libéralités faites à leur profit (1).

Les obligations mises par le décret de 1851 à la charge des communes et des départemeuts en ce qui concerne la délivrance gratuite d'un local et la fourniture des livrets et registres aux sociétés approuvées sont maintenues par l'art. 18 de la nouvelle loi. S'inspirant également du décret de 1852, l'art. 19 déclare que « tous les actes intéressant les sociétés approuvées sont exempts de droit de timbre et d'enregistrement ». En outre, les reçus de cotisations, et des indemnités versées aux membres participants, ainsi que les registres à souches servant au paiement des journées de maladie sont exempts du droit de timbre de quittance. Ces dispositions ne s'appliquent pas aux transmissions de propriétés, d'usufruit ou de jouissance de biens meubles ou immeubles. Enfin les actes de notoriété et autres pièces relatives à l'exécution de la loi sont délivrés gratuitement et exempts des droits de timbre et d'enregistrement.

Les art. 20 et 21 sont relatifs au placement des fonds des sociétés approuvées et méritent, en raison de leur importance, une attention particulière ; aussi est-il nécessaire de reproduire ci-dessous le texte de l'art. 20 : « Les placements des sociétés

---

1. L'autorisation est accordée, suivant les cas, par le préfet et par décret rendu en Conseil d'Etat.

approuvées doivent être effectués en dépôt aux Caisses d'épargne, à la Caisse des dépôts et consignations, en rentes sur l'Etat, bons du Trésor et autres valeurs créées ou garanties par l'Etat, en obligations des départements et des communes, du Crédit foncier de France ou des Compagnies françaises de chemins de fer qui ont une garantie d'intérêts de l'Etat.

« Les sociétés de secours mutuels pourront, en outre, posséder ou acquérir des immeubles jusqu'à concurrence des trois quarts de leur avoir, les vendre et les échanger.

« Pour être valables, ces opérations devront être votées à la majorité des voix par une assemblée générale extraordinaire composée au moins de la moitié des membres de la société présents ou représentés.

« Les titres et valeurs au porteur appartenant aux sociétés de secours mutuels approuvées, seront déposés à la Caisse des dépôts et consignations qui sera chargée de l'encaissement des arrérages, coupons et primes de remboursement de ces titres, et en portera le montant au compte de dépôt de chaque société ».

Sur ce point encore la loi, de 1898 à élargi le cadre du décret de 1852, qui limitait aux Caisses d'épargne et à la Caisse et des dépôts et consignations les placements des sociétés approuvées. Néanmoins des limites ont été posées pour éviter les écarts

auxquels des mutualistes peu expérimenté pourraient se laisser entraîner.

Mais l'art. 21 de la loi est celui qui constitue au
profit des sociétés approuvées l'avantage le plus considérable, en faisant profiter leurs placements du
taux d'intérêt de faveur de 4 1/2 0/0. Cette disposition souleva, dans la discussion de la loi des difficultés très sérieuses. La baisse générale de l'intérêt qui
s'accentue chaque jour rendait onéreux pour l'Etat
le service de l'intérêt de 4 1/2 0/0 aux sociétés,
tandis qu'en 1852, on pouvait estimer ce taux comme
peu rémunérateur, car alors les placements à 5 0/0
n'étaient pas rares. Aussi le texte primitif de l'article 21 portait que les fonds déposés à la Caisse des
dépôts et consignations porteraient intérêt à un
taux égal à celui de la Caisse nationale des retraites
pour la vieillesse (c'est-à-dire actuellement 3,50 0/0)
et que pour les dépôts antérieurs au 1er juin 1897,
une subvention spéciale serait inscrite au budget du ministère de l'Intérieur pour compenser
la différence entre le taux ci-dessus et celui de
4,50 0/0 déterminé par le décret de 1852 (art. 13).
M. Ricard protesta contre la situation défavorable
qui allait être ainsi faite aux sociétés et demanda le
maintien du taux de 4 1/2 0/0. Après discussion, le
gouvernement entra en principe dans les vues de
M. Ricard, mais sans accepter que la Caisse des
dépôts et consignations continuât à verser aux so-

ciétés de secours mutuels un taux d'intérêt qu'elle ne touchait pas elle-même et il proposa un texte transactionnel qui fut adopté. Ce texte étendait aux versements futurs des sociétés la subvention compensatrice réservée par le texte primitif aux versements antérieurs au 1er juin 1897.

C'était seulement tourner la difficulté, mais ce n'était pas la résoudre, et nous ne pouvons nous empêcher de redouter la charge considérable que la baisse progressive de l'intérêt et d'autre part l'augmentation constante du nombre des sociétés approuvées, risquent d'imposer un jour à l'Etat. Sans doute à l'heure actuelle, le danger est minime, c'est une centaine de mille francs tout au plus dont le budget se trouve ainsi grevé, mais dans quelques années, il peut s'agir de plusieurs millions et alors l'inconvénient deviendrait grave. Nous ne pouvons d'ailleurs nous empêcher de constater ici que les sociétés de secours mutuels anglaises (friendly societies) dont nous aurons à parler, n'ont jamais été atteintes dans leur prospérité par la baisse progressive d'intérêt que la loi a fait subir à leurs placements, et nous sommes d'avis qu'en France, il eût été possible de procéder de même sans faire courir aucun risque sérieux aux progrès de la mutualité.

Pour clore la série des avantages financiers accordés par la loi de 1898 (en dehors de tous ceux qui sont relatifs aux pensions de retraite et que nous laissons volontairement de côté), il est nécessaire de mentionner l'art. 26 qui prévoit l'allocation de subventions annuelles aux sociétés qui ne constituent pas de pensions de retraite. D'autre part, le même article dit qu' « il sera, préalablement à toute répartition, opéré chaque année sur les dotations et subventions, un prélèvement déterminé par le Conseil supérieur qui ne pourra pas dépasser 5 0/0 de l'actif total, pour venir en aide aux sociétés de secours mutuels qui par suite d'épidémies ou de toute autre cause de force majeure, seraient momentanément hors d'état de remplir leurs engagements ».

En dehors de ces subventions de l'Etat, qui s'élèvent à un chiffre considérable (1), il est nécessaire de signaler un précieux encouragement dont l'importance, jusqu'à ces dernières années, avait complètement échappé à l'attention générale : ce sont les subventions accordées chaque année par les départements et les communes à un grand nombre de sociétés libres ou approuvées. Pour la seule année 1898, ces subventions ont atteint le chiffre de 616.054 fr. 43 ; 1.717 sociétés approuvées ont reçu des départements 170.346 fr. 57 et 1.919 sociétés ont reçu des communes 387.775 fr. 18. Quant aux sociétés libres, une somme de 7.200 fr. 96 a été

----

1. Le total général des subventions de l'Etat, comprenant les revenus de dotation et les crédits budgétaires, s'est élevé en 1898 à la somme de 3.120.000 francs.

allouée par les départements à 141 de ces associations, et 192 d'entre elles ont bénéficié de la part
des communes d'une somme de 50.731 fr. 72. Ces
chiffres suffisent à montrer quels précieux encouragements les sociétés de secours mutuels reçoivent
chaque année des pouvoirs publics.

II

Malgré l'esprit de liberté qui incontestablement
l'anime, la loi du 1er avril 1898 a dû inscrire dans
son texte, en regard des avantages considérables
qu'elle accordait aux sociétés de secours mutuels,
un certain nombre de règles dont l'observation leur
est imposée.

Aux termes de l'article 5, les statuts des sociétés
doivent contenir un certain nombre d'indications
jugées indispensables.

En premier lieu, nous signalerons le siège social,
qui ne peut être situé ailleurs qu'en territoire français ; la société a désormais le droit de rayonner
sur toute la France, tandis que le décret de 1852
stipulait que l'extension de la société hors la
commune du siège social ne pouvait avoir lieu que
si cette commune avait moins de 1.000 habitants,
et ne devait pas excéder les communes voisines.
Désormais une société peut avoir des subdivisions
dans tous les départements où elle les jugera utiles

pour son développement et sa prospérité. Cette innovation de la loi de 1898 est susceptible de produire des effets bienfaisants sur les progrès de la mutualité, mais surtout en ce qui concerne les assurances à long terme, qui exigent un cadre beaucoup plus considérable que l'assurance contre la maladie.

Le paragraphe 2 de l'article 5 est relatif aux conditions et aux modes d'admission et d'exclusion, tant des membres participants que des membres honoraires.

Soucieux d'élargir en tous sens le domaine de la mutualité, le législateur de 1898 en a facilité l'accès aux mineurs qui peuvent faire partie des sociétés sans l'intervention de leur représentant légal, et aux femmes qui peuvent exercer ce droit et même créer des sociétés sans l'assistance de leur mari (art. 3).

Il est d'un grand intérêt pour la prospérité des sociétés de secours mutuels d'établir avec soin dans les statuts les conditions d'admission des membres participants, surtout lorsqu'il s'agit de l'assurance contre la maladie. En dehors des garanties de bonne moralité, la société doit surtout se préoccuper de l'état de santé du candidat qui sollicite son admission et qui peut compromettre l'équilibre financier de l'association s'il est atteint d'une maladie grave ou chronique : il faut donc l'astreindre à une visite

médicale préalable et l'obliger à un noviciat de
quelques mois ; il faut également fixer une limite
d'âge pour l'admission, par exemple 40 ans ; la
moyenne des maladies s'élevant naturellement avec
l'âge, ce sont là des précautions indispensables dont
les sociétés ne paraissent pas à l'heure actuelle se
soucier suffisamment.

Quant aux formes de l'admission, elles sont lais-
sées à l'appréciation des sociétés ; les articles 4 et
5 du décret de 1852 disposaient que les membres
participants étaient reçus au scrutin secret, et à la
majorité des voix, par l'assemblée générale. En fait,
c'est le procédé le plus fréquent. En ce qui concerne
l'exclusion, aucune règle n'est tracée par la loi ;
mais il paraît logique qu'elle ait lieu dans les mêmes formes que l'admission.

Le paragraphe 3 de l'article 5 a pour objet la composition du Conseil d'administration, le mode d'é-
lection de ses membres, la nature et la durée de
leurs pouvoirs, les conditions du vote des assem-
blées générales. L'article 3 de la loi prescrit d'ailleurs que les membres du Conseil d'administration
doivent être élus au scrutin secret en assemblée
générale et pris parmi les membres participants et
honoraires de la société. Pour être éligible, il faut
être Français, majeur et jouir de ses droits civils et
civiques.

Le décret du 27 octobre 1870 avait déjà rendu

aux sociétés la nomination de leur président, réservée au gouvernement par le décret de 1852.

Les statuts doivent également, aux termes du paragraphe 4 de l'article 5, déterminer les obligations et les avantages des membres participants ; c'est là une condition essentielle, qui constitue la base même de l'acte d'association. L'article 2 de la loi refuse d'ailleurs le caractère de sociétés de secours mutuels aux associations qui créent au profit de telle ou telle catégorie de leurs membres et au détriment des autres des avantages particuliers. Aucune autre distinction ne doit exister entre les membres participants que celle qui résulte des cotisations fournies et des risques apportés ; c'est l'application pure et simple du principe de mutualité.

Enfin, au point de vue de l'organisation financière des sociétés, les statuts doivent fixer le montant et l'emploi des cotisations des membres, soit honoraires, soit participants, et les modes de placement des fonds (§ 5 de l'article 5).

L'importance de cette détermination est évidente : une société ne peut être prospère que si elle connaît bien exactement le montant de ses engagements et des ressources correspondantes ; mais ce qui est délicat c'est le mode d'application et l'étendue de cette prescription ; c'est, en un mot, la péréquation des recettes et des dépenses, que nous aurons à examiner dans le chapitre suivant (1).

Après avoir fait tout à l'heure allusion à la création des sociétés, il est nécessaire de dire un mot de leur dissolution : elle peut être volontaire et prévue par les statuts dans les conditions qu'ils déterminent. L'article 11 de la loi exige que la dissolution soit votée par une assemblée générale convoquée à cet effet par un avis indiquant l'objet de la réunion et à la condition de réunir à la fois une majorité des deux tiers des membres présents et la majorité des membres inscrits.

La dissolution peut être également forcée, dans les conditions prévues par l'article 10 ; elle est prononcée par le tribunal civil, si la société est détournée de son but, et par le tribunal correctionnel, en cas de fausses déclarations faites de mauvaise foi pour dissimuler sous le nom de sociétés de secours mutuels des associations ayant un autre objet. Enfin l'article 30 prévoit le retrait de l'approbation par décret rendu en Conseil d'Etat sur la proposition du Ministre de l'Intérieur, et après avis motivé du Conseil supérieur.

La liquidation des sociétés à la suite de dissolution volontaire ou forcée est réglée par l'article 31 de la loi qui indique l'ordre de répartition des fonds

1. Pour les autres alinéas de l'article 5, nous n'en faisons pas mention parce qu'ils ne rentrent pas dans notre sujet.

appartenant à la société ; cette liquidation s'exerce sous la surveillance du préfet ou de son délégué (1).

Voilà quelles sont les règles générales de l'organisation des sociétés de secours mutuels ; il nous faut maintenant examiner en quelques lignes celles qui président à leur fonctionnement. A cet égard, on peut dire que le législateur de 1898 a maintenu l'autonomie relative dont elles bénéficiaient sous l'empire du décret de 1852. Dans les limites fixées par la loi elles peuvent se mouvoir sans intervention directe de la part de l'administration. Voici les prescriptions principales qui leur sont imposées.

Tout d'abord l'article 28 fixe un maximum aux indemnités qui peuvent être accordées par les sociétés, sous peine de perdre les avantages pécuniaires accordés par l'Etat aux sociétés approuvées (subventions de l'Etat, taux d'intérêt de 4 1/2 pour 100, remise de droits d'enregistrement et de frais de justice, etc.). Les allocations journalières moyennes ne peuvent excéder 5 francs par jour, ni les pensions 360 francs par an ; quant aux capitaux assurés en cas de vie ou de décès, ils ne doivent pas être supérieurs à 3.000 francs. D'autre part, les sociétaires qui s'affilieraient à plusieurs sociétés en vue de se procurer des indemnités dépassant le maximum fixé doivent être exclus des sociétés dont

1. Pour les pénalités édictées par la loi, nous renvoyons au texte des articles 10 et 29.

ils font partie, sous peine pour elles de perdre les avantages concédés par la loi. On conçoit à merveille qu'une limite devait être établie. Le législateur a estimé, en effet, que l'Etat ne pouvait gratifier d'un taux de faveur des capitaux appartenant à des personnes à qui leur situation de fortune permettrait d'aller trop loin sur le terrain de la prévoyance encouragée et subventionnée par le Trésor public. Quant aux chiffres eux-mêmes, le seul qui nous intéresse, celui qui concerne l'allocation en cas de maladie, ne semble soulever aucune objection, pour cette simple raison que jamais les sociétés de secours mutuels n'arriveront à allouer à leurs membres 5 francs par jour d'indemnité de chômage.

Dans un autre ordre d'idées, la loi de 1898 intervient dans le fonctionnement des sociétés de secours mutuels en leur imposant à toutes, sans distinction, l'obligation de faire parvenir au Ministre de l'Intérieur, dans les trois mois de chaque année, la statistique de leur effectif, du nombre et de la nature des cas de maladie de leurs membres, telle qu'elle est prescrite par la loi du 30 novembre 1892 sur l'exercice de la médecine.

L'article 7 que nous venons de mentionner s'impose à la fois aux sociétés libres et aux sociétés approuvées ; mais l'article 29 met un autre devoir à la charge de ces dernières ; elles doivent, dans les trois premiers mois de chaque année, adresser au Ministre de l'Intérieur, par l'intermédiaire des préfets et dans les formes prescrites, le compte rendu de leur situation morale et financière. En outre, elles sont tenues de communiquer leurs livres, registres, procès-verbaux et pièces comptables de toute nature aux préfets, sous-préfets et à leurs délégués, sous peine d'une amende de 16 à 500 fr. Ces dispositions se justifient à l'égard des sociétés approuvées : l'Etat, qui les encourage et les subventionne, doit pouvoir contrôler leur fonctionnement. Nous serions tentés d'aller plus loin et de penser que, malgré l'intention marquée du législateur d'intervenir le moins possible dans les opérations des sociétés libres, il eût été bon de leur appliquer une disposition semblable, qui constitue en faveur des mutualistes une utile mesure de protection. En effet, il peut être indispensable dans certaines circonstances d'agir au plus vite, si la société est victime de la part de ses administrateurs d'agissements qui risquent de mettre la caisse en péril, et l'article 29 est la seule protection dont en pareil cas les mutualistes peuvent se réclamer et qui permette de constater rapidement les irrégularités. Nous verrons, en Angleterre, des mesures encore plus énergiques, qu'on ne saurait trop approuver malgré leur sévérité.

Les états statistiques réclamés aux sociétés en

vertu de l'art. 7, sont destinés à servir d'éléments pour la confection des tables de mortalité et de morbidité prescrites par l'art. 36 de la loi, qui ne fait que reproduire sur ce point les dispositions de l'article 7 du décret de 1852 demeurées jusqu'ici lettre morte.

Nous espérons que la nouvelle prescription de la loi ne restera pas cette fois sans exécution. Le délai de deux ans prescrit par elle était insuffisant ; actuellement, on en est encore à la période d'élaboration et il est probable que les tables ne paraîtront pas avant un an ou deux.

Telle est, dans ses grandes lignes, la législation qui régit nos sociétés de secours mutuels. Il est assurément impossible à l'heure actuelle d'en apprécier encore la portée, l'essayer serait d'ailleurs sortir des limites que nous nous sommes imposées. Aussi au moment de pénétrer dans le vif de notre sujet, tenons-nous seulement à rappeler l'attention sur les modifications profondes apportées par la loi nouvelle à l'ancienne structure des sociétés mutuelles ; la cellule originaire, nous voulons dire la primitive association assurant avant tout ses membres contre la maladie, risque de faire place à des organes plus étendus et plus puissants sans doute, mais qui, à cause même de cette extension, tendront naturellement vers les assurances à long terme pour lesquelles ils se trouveront mieux outillés et, par voie de conséquence, la plupart des petites sociétés verront leur personnel les déserter et l'assurance contre la maladie sera gravement compromise.

Ce genre d'assurance demande pour donner de bons résultats, un cadre et une organisation incompatibles avec la pratique des assurances à long terme ; elle exige des sociétés dont le territoire et le personnel soient tous deux fort restreints. En effet la promptitude des secours est une condition de la guérison ; il faut donc que le médecin soit pour ainsi dire à la disposition des membres de la société ; il faut surtout que les sociétaires se connaissent et puissent se voir aisément, car rien n'est plus facile à simuler que la maladie. Seule une surveillance discrète, mais constante et réciproque de la part des intéressés eux-mêmes peut empêcher quelques-uns d'entre eux de réclamer des indemnités auxquelles ils n'ont pas droit et de compromettre ainsi l'équilibre financier de la société.

Pour marquer la différence profonde qui existe entre la maladie et les diverses assurances à long terme, nous ne saurions mieux faire que de citer ce passage de l'intéressant rapport de M. Louis Fontaine, actuaire (1) :

« L'assurance en cas de décès et l'assurance de

1. Louis Fontaine. Rapport du jury international de l'Exposition universelle de 1889. Economie sociale. Sections V et VI.

rente viagère ne supportent aucune fraude : la mort
ne se simule pas et il est facile de connaître exactement l'âge d'un vieillard qui prétend avoir droit à
une pension ou de déjouer les tentatives d'un faus-
saire qui essayerait de se faire payer les arrérages
d'une pension dont le titulaire serait mort. Il n'en
est pas de même de l'assurance en cas de maladie ;
la tentation est grande de s'octroyer quelques jours
de repos aux dépens des co-assurés, tout en obtenant
une indemnité plus élevée que le salaire habituel,
lorsqu'on fait partie de plusieurs sociétés à la fois.
Certaines simulations mettent en défaut la science médicale, qui échappent difficilement à la surveillance
des intéressés lorsqu'elle est exercée par des gens
au courant du caractère, des habitudes du prétendu
malade. Cette condition ne peut guère être remplie
que dans des sociétés restreintes, dont les membres
se connaissent entre eux et sont mis en relations
quotidiennes par suite du voisinage, de l'exercice
de la même profession ».

En outre, la surveillance, exercée la plupart du
temps par des membres de la société désignés sous
le nom de visiteurs, doit avoir un autre objet également précieux pour la bonne gestion de la caisse
commune. C'est de tenir la main à ce que les sociétaires malades ne commettent pas d'imprudence et
suivent rigoureusement les prescriptions du médecin.

Etant donné l'évidente nécessité de ces précautions

multiples et incessantes, il apparaît bien clairement que les petites sociétés sont le cadre naturel de l'assurance contre la maladie. A l'inverse et à cause de la nature même des risques, les pensions des retraites et en général les assurances à long terme, en cas de vie, de décès ou d'invalidité, exigent de préférence un nombre d'adhérents considérable et une circonscription très étendue, car les conséquences financières des risques qu'elles sont destinées à couvrir sont beaucoup plus importantes que celles de la maladie. cependant plus fréquente : si la société n'avait pas un développement suffisant, la moindre augmentation un peu durable de la mortalité, par exemple, suffirait à compromettre sa situation. D'autre part, la simulation n'étant plus à craindre, le grand nombre des sociétaires, même dispersés sur un territoire considérable, n'offre aucun inconvénient.

Il nous semble donc que les diverses assurances ne peuvent être créées par les mêmes organes, et que l'incompatibilité entre la maladie et les opérations à long terme est un principe qui ne peut être impunément transgressé.

On l'a fort bien compris d'ailleurs dans plusieurs pays voisins. L'organisation de l'assurance allemande s'inspire, nous le verrons plus loin, de cette constatation dont l'importance est capitale. La Belgique, et ici la comparaison a une valeur d'autant plus grande qu'il s'agit des sociétés de secours mutuels, a tou-

jours affirmé qu'une séparation était indispensable
entre « les maladies et les infirmités temporaires
d'une part, et de l'autre la vieillesse et les blessures incurables qui demandent des remèdes absolument différents (1) ».

La loi belge de 1851 interdisait formellement aux
sociétés de secours mutuels de promettre des pensions
de retraite et l'exposé des motifs du projet de loi de
1890, qui est devenu la loi du 23 juin 1894 sur les
sociétés de secours mutuels montre bien qu'à cet
égard l'opinion ne s'est pas modifiée.

« L'expérience a démontré, déclare le gouvernement belge dans cet exposé, que les sociétés qui ont
voulu confondre les rentes viagères et les secours en
cas de maladie, n'ont pu faire face à leurs engagements et que, contraintes de se dissoudre avant terme,
elles n'avaient plus de quoi indemniser les plus jeunes de leurs membres. C'est ce qui a déterminé le législateur de 1851 à ne pas admettre la constitution des
rentes viagères par les sociétés de secours mutuels,
et le gouvernement croit devoir maintenir cette in-
terdiction, à moins que le rôle des sociétés se réduise
à celui d'un simple intermédiaire entre les membres
et la caisse générale des retraites. »

Le législateur belge n'admet donc point de confusion
entre les retraites et la maladie et nous croyons qu'il

____

1. Réponse du jury de l'Exposition industrielle belge de 1847.

a sagement agi. Que dirions-nous alors de la loi de 1898, qui brusquement et sans leur imposer aucune garanti sérieuse donne à nos sociétés de secours mutuels non seulement la possibilité d'assurer à leurs membres des pensions, ce qu'elles ne pouvaient faire auparavant qu'avec des excédents de recettes, mais leur accorde la faculté d'entreprendre tous les genres d'assurances, même les plus compliqués? Nous craignons qu'en voulant aller trop loin sur le terrain de la liberté on n'ait compromis gravement le succès modeste mais appréciable qu'avaient atteint les sociétés de secours mutuels dans l'assurance contre la maladie et menacé ainsi leur avenir, car nous ne pouvons nous résoudre à espérer qu'elles soient jamais assez puissantes dans notre pays pour réaliser le programme trop vaste qui leur est tracé.

L'avenir seul dira si nos appréhensions sont justifiées, mais si elles l'étaient, nous ne saurions trop le regretter, et dès lors une réforme de la législation nous semblerait s'imposer, alors même que cette réforme serait par quelques-uns considérée comme un recul, car ce qui importe avant tout en matière d'assurance ouvrière, ce sont assurément les résultats.

CHAPITRE III

I. *Principes généraux de l'organisation financière des
sociétés de secours mutuels*

II et III. *Les recettes et les dépenses dans les sociétés
approuvées*

Dès le début de notre étude, nous avons signalé
les deux tendances qui divisent les mutualistes sur
le véritable caractère des sociétés de secours mutuels. Les uns prétendent que c'est le sentiment qui
y domine et que le règlement de la question financière est, par suite, d'un ordre tout à fait secondaire.
Les autres, au contraire, sans méconnaître le rôle
précieux que joue dans ces associations l'esprit
fraternel qui anime leurs membres, s'attachent à
démontrer qu'elles constituent avant tout des organes d'assurance, et qu'elles doivent en conséquence
être établies sur des bases mathématiques et des
calculs aussi exacts que possible. Sans nous rallier
à l'une ou à l'autre de ces deux théories extrêmes,
nous avons constaté qu'en fait, et malgré les différences de principe qui les divisent, les opérations

des sociétés de secours mutuels et celles des compagnies d'assurance présentaient une grande ressemblance. Or, pourquoi l'Etat qui, avec tant de raison, réglemente si sévèrement l'organisation de ces dernières se désintéresserait-il de la sécurité des mutualistes? Comment se déroberait-il au devoir impérieux de protéger l'épargne du pauvre infiniment plus intéressante encore que celle du riche?

Il semble que le bon sens ne permette pas deux réponses à de pareilles questions, et cependant nous allons voir quelles hésitations se sont emparées du législateur lorsqu'il s'est agi de les résoudre.

Le premier principe qui apparaît comme évident lorsqu'on envisage la situation de l'assuré d'une compagnie ou du membre d'une société de secours mutuels, c'est que la prime, autrement dit le sacrifice nécessaire pour se couvrir du risque, doit être calculée aussi exactement que possible. Il serait injuste qu'il en fût autrement, car la prime alors perdrait son caractère et serait détournée de son but. Sans doute il existe, nous l'avons dit déjà, des différences entre la prime demandée à l'assuré et la cotisation du membre participant; la plus notable, c'est que la cotisation doit balancer seulement les indemnités assurées et les frais de gestion, tandis que la prime doit en outre comprendre le bénéfice des actionnaires; pour employer une expression technique mais bien claire, la prime subit un double chargement. Aussi l'écart est-il considérable : tandis que dans les sociétés de secours mutuels les frais de gestion atteignent à peine 5 0/0 du montant des dépenses totales, on arrive dans les compagnies d'assurances à un chargement qui peut aller jusqu'à 35 ou 45 0/0.

Il faut en premier lieu que la cotisation ne soit pas supérieure aux charges, bien qu'à première vue les inconvénients de cette situation ne se révèlent pas tout d'abord d'une façon sensible, puisque le bilan de la société se solde par un excédent de recettes. De deux choses l'une en effet : ou l'on peut avec les mêmes cotisations accorder une indemnité supérieure, ou on peut garantir les mêmes indemnités en réclamant des cotisations moins élevées : il n'y a que ces deux moyens de reprendre l'équilibre ; or lorsqu'il s'agit de sociétaires qui reçoivent des indemnités à peine suffisantes (si même elles le sont) il est de toute justice que leur épargne si péniblement acquise produise le maximum d'effets possible. Nous verrons que la loi allemande de 1883 sur l'assurance contre la maladie, prescrit l'abaissement des cotisations ou l'augmentation des indemnités en cas d'excédent persistant des recettes sur les dépenses.

En sens inverse, il est évident que les cotisations ne doivent pas être inférieures aux charges, sinon le déficit apparaît, et bientôt la société est hors d'état de tenir ses engagements. Des sociétaires frappés par la maladie après que la société a été obligée de réduire les indemnités pour ressaisir l'équilibre, peuvent se trouver ainsi dans une situation injuste vis-à-vis de camarades qui atteints avant eux ont perçu des secours trop élevés.

Il importe donc essentiellement que les sociétés de secours mutuels essaient d'arriver autant que possible à un équilibre parfait, il faut en un mot qu'elles respectent le principe de la péréquation des recettes et des dépenses.

Nous devons reconnaître d'ailleurs que telle était bien la pensée des auteurs des divers projets de loi qui sont venus en discussion devant le Parlement avant la loi du 1er avril 1898. Dès 1889, le rapporteur à la Chambre des Députés, M. Audiffred, déclarait le 31 mai au milieu des applaudissements :

« La Commission demande aux sociétés de secours mutuels d'avoir une comptabilité irréprochable. Elle a voulu obtenir tout simplement que ces sociétés fissent ce que vous faites pour le budget de l'Etat, ce que font les négociants qui gèrent bien leurs affaires. Elle dit : on spécialisera les recettes, et toutes les fois qu'une société de secours mutuels voudra prendre un engagement elle devra justifier qu'elle a des ressources pour y faire face. Je de-

mande à la Chambre de maintenir l'art. 7 (1), et
j'ajoute que toutes les nations étrangères qui ont
réformé leur législation sur les sociétés de secours
mutuels, n'ont pas manqué d'exiger des sociétés ces
garanties qui sont toutes dans leur intérêt et qui
ne portent que sur la gestion financière. En Angleterre, on a inscrit dans la loi une stipulation analogue ; en Italie, on a introduit, dans la loi récente,
la disposition suivante : « Dans tous les cas, le budget annuel des sociétés doit spécifier la dépense
prévue et les ressources destinées à y faire face. »

« Quand vous établissez le budget de l'Etat, en
face d'une dépense, vous inscrivez une recette cor-
respondante ; eh bien ! nous disons que nos sociétés
devront préparer leur budget dans les mêmes conditions que nous préparons le budget de l'Etat. Je
ne comprends pas qu'on puisse critiquer une disposition pareille : elle est toute dans l'intérêt de la

1. Art. 7. — « Les sociétés de secours mutuels qui voudront
jouir de la personnalité civile et des avantages concédés par
les articles suivants, devront faire homologuer leurs statuts
par le Ministre de l'Intérieur.

L'homologation constate la conformité des statuts avec la
disposition de la loi.

Elle constate en outre que les statuts prévoient des recettes
proportionnelles aux dépenses soit pour les secours en cas de
maladie, soit pour la constitution des retraites ou des assurances en cas de décès ou d'accidents, soit pour les autres
dépenses énumérées à l'art. 1er. »

L'obligation était donc nettement exprimée en ce qui concerne les secours de maladie.

bonne administration financière des sociétés de secours mutuels ».

La sagesse de ce langage n'empêcha point les critiques ; certains esprits redoutaient pour les sociétés de secours mutuels, dont la plupart étaient organisées sans aucune règle précise de comptabilité, les conséquences de l'application du principe de la péréquation avec son corollaire inévitable, la spécialisation des recettes et des dépenses.

L'influence de ces appréhensions ne tarda pas à se manifester au sein même du Parlement, et quatre ans après son discours si ferme et si juste de 1889, le rapporteur entrait en discussion avec les adversaires du projet, et maintenait avec énergie ses conclusions.

C'est cependant en vain que nous chercherions dans le texte de la nouvelle loi l'application logique du principe qui a présidé à son élaboration. En effet, ce n'est que bien timidement dans l'art. 5 que le législateur y fait en passant allusion, en déclarant au paragraphe 5 que les statuts doivent déterminer « le montant et l'emploi des cotisations des membres soit honoraires, soit participants... ». Quelle différence entre ce langage obscur et vague et le texte si net, si précis de l'art. 7 du projet de loi de 1889 que nous avons cité plus haut (1)!

1. V. p. 67 en note.

A quoi attribuer ce mouvement de recul dans une si bonne voie? C'est assurément à l'opposition opiniâtre de ceux qui persistent à ne voir dans les sociétés de secours mutuels qu'une affaire de pur sentiment. En 1896, dans la première discussion dont fut l'objet le texte de l'art. 5, M. Dussaussoy avait réclamé la suppression des mots « ... et l'emploi... » et avait vivement critiqué le principe de spécialisation :

« Une société, disait-il, se propose, je suppose, sept buts, secours aux malades, frais funéraires, etc. D'après votre théorie, il faudra qu'à ces sept objets correspondent sept recettes prévues : un cinquième pour l'une, un quart pour l'autre, un tiers pour une autre, etc.

« Supposons que les frais funéraires aient absorbé leur quote-part — il y aura cependant des gens qui auront le malheur de mourir — comment ferez-vous alors? Il faudra donc supprimer les secours pour frais funéraires cette année-là, alors qu'il y aura peut-être des excédents sur les prévisions d'un autre chapitre? Autrefois, me direz-vous, il y a eu des mécomptes. Mais ces mécomptes se produiront aussi avec votre système. Vous ne pouvez pas, comme dans un budget de l'Etat, prévoir que vous dépenserez tant pour ceci, tant pour cela. Tant mieux si l'on n'est pas malade! tant pis si l'on meurt!

« Ce sont là des éventualités que vos calculs, si

excellemment qu'ils puissent être faits, ne peuvent prévoir. Eh bien, nous vous demandons tout simplement de nous laisser, en ce qui concerne les secours à donner, dans l'ancien état de choses. Exigez certaines conditions lorsqu'il s'agit de retraites garanties, afin d'établir la possibilité de faire face aux engagements ; ce n'est que justice.Quant au reste, laissez-nous vivre sous l'ancien régime ».

A cette violente attaque contre le principe de la péréquation, le rapporteur, M. Audiffred, répondait fort justement qu'au moment où les sociétés étaient sur le point de prendre une extension considérable, il était nécessaire qu'elles pussent voir clair dans leur comptabilité et qu'elles prissent l'habitude de tenir chacun de leurs engagements.

L'esprit de la loi est donc resté bien net si son texte est obscur, mais la timidité qui a présidé à la rédaction de l'article 5 nous fait craindre que l'application n'en soit pas poursuivie d'une façon sérieuse par l'administration chargée de vérifier les statuts.

En quoi d'ailleurs les objections soulevées par les adversaires de la spécialisation sont-elles irréfutables ? Assurément, comme le pensait M. Dussausson, chaque dépense n'aura pas une fixité invariable, il y aura excédent de recettes sur certains chapitres et déficit sur certains autres ? Eh bien ! le remède ne nous paraît pas difficile à trouver. Il

suffit, et c'est là un principe dont la loi aurait dû
consacrer l'application dans son texte; d'obliger les
sociétés à constituer un fonds de réserve au moyen
des excédents de dépenses : si les dépenses de maladie, par exemple, ont dépassé les prévisions et qu'au
contraire les frais funéraires aient subi une diminution, l'excédent sera versé au fonds de réserve, le
supplément des dépenses de maladie pourra être
soldé au moyen de ce fonds, et le principe de la
séparation sera néanmoins respecté. En Allemagne,
la loi de 1883 sur l'assurance contre la maladie
oblige les diverses caisses à constituer un fonds de
réserve important : c'est là une précaution indispensable qu'il aurait fallu imiter, étant donné surtout la faculté donnée aux sociétés de poursuivre
des buts multiples.

On objecte également l'inexpérience de la plupart
des administrateurs des petites sociétés communales et rurales et l'impossibilité pour ces mutualistes
de tenir une comptabilité détaillée. Nous ne voyons
pas bien, quant à nous, la valeur de cette objection :
Si les bases financières de la société ont été convena-
blement établies, comment sera-t-il plus difficile de
tenir un compte distinct pour chaque objet? Peut-on
dire qu'il est plus simple de calculer au hasard et de
ne pas voir clair dans ses affaires et qu'une société
doit bien fonctionner parce que sa comptabilité est
informe?

Nous croyons, au contraire, que les sociétés de secours mutuels gagneraient considérablement à l'adoption du système de spécialisation. Sans doute il y aurait une période d'apprentissage, mais celle-ci une fois franchie, la marche des sociétés ne serait plus sujette à aucun à-coup, à aucune déception : elles auraient la certitude d'atteindre réellement le but qu'elles se proposent. Mais ce qu'il importe avant tout d'affirmer c'est que pour arriver à ce résultat, la société doit, dès ses débuts, c'est-à-dire lors de l'approbation ou du dépôt de ses statuts, fixer les charges et les ressources sociales dans une proportion telle que l'équilibre soit assuré dans tous les budgets futurs. Sans doute il est possible que les fondateurs ne possèdent pas les connaissances suffisantes pour établir des calculs exacts. Le moyen d'y remédier est bien simple et il est indispensable ; lorsque les statuts sont soumis à l'administration, celle-ci devrait les vérifier au point de vue technique.

Tel est le principe appliqué notamment par l'Allemagne et par l'Angleterre et que nous regrettons de ne pas voir inscrit dans notre loi. S'opposera-t-on à l'institution d'actuaires officiels ? Qu'on laisse les sociétés libres de s'adresser à des actuaires indépendants, mais offrant toutes les garanties nécessaires, comme en Angleterre. Toutefois il nous semblerait équitable que les sociétés peu fortunées, et elles sont nombreuses, pussent éviter des frais en ayant le droit de recourir gratuitement à des actuaires rattachés à l'administration et appointés par elle.

Il est bien permis de dire d'ailleurs que cette intervention des actuaires serait absolument justifiée par les procédés actuels de la plupart des fon-dateurs de sociétés de secours mutuels : jusqu'à ce jour en effet, beaucoup de sociétés ont rédigé leurs statuts sans aucune étude préliminaire, ou même ont opéré complètement au hasard en prenant comme modèles des sociétés plus anciennes qu'elles et fonctionnant dans des conditions différentes. Celles qui ont voulu utiliser des statistiques n'ont pas été capables d'apprécier la valeur et la signifi-cation.

Lorsqu'ils assument la responsabilité de créer une nouvelle association, les fondateurs devraient, semble-t-il, s'éclairer par tous les moyens possibles avant d'arrêter les bases définitives de son fonction-nement, car il ne faut pas perdre de vue qu'une société de secours mutuels qui se fonde sur des calculs erronés, s'expose aux cruels mécomptes que nous avons signalés plus haut, et l'expérience démontre que rien n'est plus difficile que de faire prendre ensuite à l'assemblée générale des sociétaires une décision réduisant les secours ou augmentant les cotisations. Bien peu parmi les adhérents sont assez instruits ou assez avisés pour comprendre la nécessité de semblables modifications et la société est conduite à la ruine par l'ignorance et l'égoïsme aveugle de la majorité de ses membres.

Il est une autre question dont nous voulons, à cause de sa connexité avec la précédente, dire ces quelques mots : c'est la question du nombre dans les sociétés de secours mutuels. Nous avons déjà exposé les motifs qui exigent pour la réussite de l'assurance contre la maladie un cadre restreint et un nombre de sociétaires relativement peu élevé : il ne faudrait pas cependant pousser ce raisonnement jusqu'à ses extrêmes conséquences, ni croire qu'une société peut prospérer lorsque son effectif est très réduit, lorsqu'il ne dépasse pas une vingtaine de membres, par exemple. En effet, nous n'hésitons pas à penser qu'au delà d'une certaine limite tout calcul de probabilité devient impossible. Supposons une société établie sur des bases financières irréprochables mais dont l'effectif ne comporte que quinze à vingt membres. Eh bien ! il est évident que lorsque le nombre des sociétaires est devenu tout à fait infime, les données de la statistique ne peuvent plus recevoir leur application ; seul le hasard est prépondérant. « Les sociétés qui ne comptent qu'un nombre restreint de membres doivent donc, dit M. Louis Fontaine (1), doivent donc si elles sont

1. *Loco citato.*

prudentes, afin de faire face aux engagements qu'elles contractent, majorer les cotisations de leurs membres dans desproportions qui peuvent devenir intolérables. »

D'autre part, à mesure que l'effectif diminue, l'administration de la société devient plus difficile et plus coûteuse. Les frais ne subissent pas en effet une diminution progressive et ceux qui restent ont à payer de ce chef une contribution plus élevée. Déjà en Suisse et en Italie le danger a été signalé. Il serait urgent de s'en préoccuper chez nous, où il existe un trop grand nombre de sociétés dont l'effectif n'atteint pas même vingt membres.

Nous avons ainsi résumé les principes généraux qui nous paraissent devoir présider à l'organisation financière des sociétés de secours mutuels; nous allons maintenant passer à l'examen de cette organisation telle qu'elle existe actuellement.

II. *Recettes des sociétés approuvées* (1)

Pendant l'année 1899, les sociétés de secours mu-

---

1. Dans les pages qui vont suivre, nous ne parlerons que des sociétés approuvées : en effet le fonctionnement des sociétés libres étant, dans ses grandes lignes, absolument semblable à celui des sociétés approuvées, nous serions fréquemment obligés à des répétitions inutiles. D'ailleurs, ce qui différencie surtout les deux espèces de sociétés, depuis la loi du 1er avril 1898, ce sont les subventions de l'Etat dont

tuels approuvées ont encaissé la somme énorme de 30,261.696 fr. 71 et les sociétés libres celle de 8,781.136 fr. 66 soit, en tout, près de 40 millions.

La base fondamentale de l'organisation financière des sociétés de secours mutuels, c'est, est-il besoin de le rappeler, la cotisation des membres participants : elle est la manifestation de l'effort personnel des adhérents et elle ne saurait être supprimée sans que disparaisse en même temps avec elle l'esprit de mutualité. Sur ce point aucune discussion n'est possible, mais si le principe est évident il n'en est pas de même de son application.

La cotisation, avons-nous dit plus haut, doit être calculée de façon à couvrir aussi exactement que possible le risque prévu, elle ne doit être ni inférieure ni supérieure et elle doit à elle seule suffire à en assurer la réparation : nous verrons bientôt qu'en fait il n'en est rien. Mais pour déterminer exactement la cotisation sur cette base, il faut tenir compte de différents éléments dont le plus important est la variation dans l'étendue du risque assuré. Ainsi, en ce qui concerne l'assurance contre la maladie, dont nous nous occupons exclusivement, la statistique nous révèle une augmentation considérable de la

bénéficient seules les sociétés approuvées ; mais comme ces subventions s'appliquent presque exclusivement aux pensions de retraite, la distinction n'a pas d'intérêt pour l'étude de l'assurance contre la maladie.

fréquence et de la durée des maladies proportionnellement à l'âge des sociétaires. Comment continuer ces diverses données pour arriver à une
solution logique du problème ? Trois systèmes sont
employés.

Le premier et le plus fréquemment appliqué puisque 70 pour cent environ des sociétés l'emploient
à l'heure actuelle, consiste à demander au sociétaire, quel que soit l'âge auquel il entre dans
l'association, une cotisation uniforme et en principe
invariable. Le principal avantage de cette manière
de procéder est de simplifier considérablement la
comptabilité des sociétés et le recouvrement des cotisations, mais à la réflexion des objections se présentent ; en premier lieu le système semble injuste :
aux membres entrés à vingt-cinq ans dans la société
et à ceux qui y sont admis à quarante-cinq ou cinquante (c'est généralement la limite) on demande
la même cotisation : or, à vingt-cinq ans, la
moyenne des journées de maladie est de 5 ou 6 environ par an, tandis qu'à quarante-cinq ans, elle est
deux ou trois fois plus considérable ; l'inégalité est
donc évidente, mais ce n'est pas tout : en procédant
ainsi, la société s'expose à de fâcheux mécomptes :
en effet les jeunes gens auxquels on impose une
charge injustifiée ne seront guère disposés à entrer
dans la société tandis que les hommes plus âgés,
sentant instinctivement la situation favorable qui

leur est faite, demanderont en grand nombre leur admission : l'équilibre financier de la société sera donc compromis, puisqu'elle aura une majorité de membres lui imposant les plus lourdes charges.

Comme correctif, on propose, tout en respectant le principe des cotisations uniformes d'en atténuer les inconvénients par l'adjonction d'un droit d'entrée compensateur. Actuellement beaucoup de sociétés exigent de leurs membres, un droit d'entrée très modique qui varie en général de deux à cinq francs et ne s'élève presque jamais au delà de dix francs ; nous ne saurions voir dans ce versement insignifiant un droit « compensateur » ; pour avoir ce caractère, le droit d'entrée devrait en effet s'élé- à un chiffre beaucoup plus considérable. Voici, à titre de simple indication, la somme qui devrait être réclamée lors de l'admission à chaque partici- pant, suivant son âge pour compenser l'augmenta- tion du risque de maladie apporté par lui à l'asso- ciation :

Age d'entrée	Droit compensateur	
25 ans	«	
30 »	27 fr. 52	
35 »	57	
40 »	86	82
45 »	115	26
50 »	138	48 (1)

1. Cette table a été calculée à 4 0/0 d'après la table de l'an-

La lecture de ce tableau suffit à montrer les inconvénients pratiques du système : séduisant à cause de ses résultats plus équitables, il est inapplicable en raison de l'élévation tout à fait formidable du droit d'entrée. Comment, en effet, pourrait-on songer à imposer un pareil sacrifice à de pauvres gens qui ont déjà bien de la peine à économiser quelques sous par semaine pour payer leur cotisation ?

Cette simple constatation nous engage donc à rejeter ce second système ; bien peu de sociétés d'ailleurs en ont fait usage jusqu'à présent.

Une troisième combinaison préconisée surtout par les actuaires, paraît à première vue beaucoup plus acceptable ; elle consiste à demander aux sociétaires une cotisation proportionnelle suivant leur âge d'entrée. On ne peut faire à ce système les objections que nous avons relevées contre les deux précédents : ils n'est pas injuste comme le premier ni impraticable comme le second ; il présente en outre ce précieux avantage, si le calcul de la cotisation a été fait correctement de donner des résultats certains. Il ne faudrait pas d'ailleurs pousser trop loin la graduation : ce serait créer une complication telle que dans des sociétés nombreuses, il serait impossible de s'y reconnaître Etant donné qu'en matière d'assurances contre la maladie il n'y a pas une va-

cien ordre des Forestiers, par M. Neison (Louis Fontaine, *Loc. cit.*).

riabilité très considérable dans le taux des cotisations il suffirait de créer des catégories, en classant les sociétaires de cinq en cinq ans. Comme l'âge d'entrée varie généralement de vingt ans à quarante-cinq ans, on n'aurait ainsi que cinq catégories différentes, ce qui compliquerait assurément bien peu la comptabilité des sociétés.

Mais voici une nouvelle objection qui se présente : l'inégalité reprochée au système des cotisations uniformes à l'égard des membres entrés jeunes dans la société va se produire ici en sens inverse ; n'est-il pas injuste, en effet, de demander à un homme de quarante ans qui souvent sera marié et père de famille, une cotisation plus élevée qu'à un jeune homme encore célibataire et soumis à de moins lourdes charges ? Nous avouons que ce raisonnement nous impressionne quelque peu. Sans doute on peut dire que c'est par leur faute que les sociétaires entrés tardivement dans l'association paient une cotisation plus élevée ; s'ils avaient été prévoyants, ils auraient payé une cotisation plus faible. Mais il nous paraît dangereux en pareil cas de raisonner sur ce qui devrait être au lieu de sur ce qui est. Est-ce que la situation faite aux candidats les plus âgés aura comme conséquence d'encourager les jeunes gens à s'affilier sans retard ? Nous craignons qu'il n'en soit rien ; l'imprévoyance est un mal trop enraciné dans les classes ouvrières pour que l'exemple puisse constituer un remède suffisant. Aussi nous semble-t-il beaucoup plus regrettable d'éloigner de la prévoyance sous prétexte de calculs par trop rigides, ceux que des circonstances malheureuses ont peut-être empêchés d'y songer plus tôt.

En somme malgré ses imperfections, nous serions disposés à conserver dans la pratique le système des cotisations uniformes : l'injustice signalée à l'égard des jeunes n'est-elle pas une des conséquences du principe mutualiste qui veut que bon gré, mal gré, on se sacrifie un peu pour les autres ? ne pourrait-on pas aller jusqu'à dire qu'il n'est pas si injuste au point de vue humain que les jeunes, dont la plupart du temps les charges sont moindres, tandis que leur faculté de travail est en plein épanouissement, soient légèrement sacrifiés au profit des anciens ?

En fait, nous l'avons dit, l'usage de la cotisation uniforme est presque universel dans nos sociétés de secours mutuels. Le chiffre en est relativement peu variable : de 1 franc ou 1 fr. 50 par mois dans les sociétés rurales elle s'élève jusqu'à 2 fr. 50 dans les grandes villes, les secours alloués étant d'ailleurs proportionnels au chiffre de la cotisation. En 1899, les cotisations ont atteint la somme de 18 millions 184.362 fr. 78 pour 1.283.092 participants (dont 1.047.602 hommes et 235.490 femmes).

A côté de la cotisation des membres participants figure, dans les recettes des sociétés, le droit d'entrée imposé par quelques-unes d'entre elles aux candidats lors de leur admission, et dont nous avons déjà constaté la minime importance.

Notons également les amendes infligées aux sociétaires pour infraction à certaines dispositions des statuts.

Après avoir parlé des obligations pécuniaires imposées aux sociétaires participants, nous devons mentionner les cotisations des membres honoraires ; consenties sans aucune compensation, elles procèdent, nous l'avons dit, de la bienfaisanee plutôt que de la vraie mutualité, mais elles tiennent une place considérable dans les recettes des sociétés de secours mutuels, et à ce titre elles ne sauraient être négligées. En général, le montant de chaque cotisation s'élève à une dizaine de francs par an.

Elles constituent donc une source de profits fort importants pour les sociétés, et nous verrons que dans les conditions actuelles elles sont un élément indispensable de leur prospérité.

On comptait au 31 décembre 1899, dans les seules sociétés approuvées, 251.295 membres honoraires payant 2.647.165 fr. 74 de cotisations.

En dehors des catégories de recettes que nous venons d'énumérer, la caisse des sociétés de secours mutuels approuvées bénéficie des subventions de l'Etat, dont nous avons eu l'occasion de parler, et qui forment chaque année une somme considérable. Enfin les dons et legs et les intérêts des fonds placés conformément à la loi viennent encore s'ajouter aux recettes ordinaires de ces associations.

Nous allons indiquer par quelques chiffres (1) l'importance des recettes dans les sociétés approuvées.

Voici comment elles se répartissent pour l'année 1899 :

DÉSIGNATION des objets	SOCIÉTÉS COMPOSÉES			Ensemble
	d'hommes	d'hommes et de femmes	de femmes	
	fr.	fr.	fr.	fr.
Cotisation des membres { honoraires..	1.531.179 60	1.014.833 79	101.152 35	2.647.165 74
participants.	9.208.151 44	8.542.377 90	433.833 44	18.184.362 78
enfants (2)..	13.810 32	119.866 83	1.703 30	135.380 45
Amendes..............	300.027 95	340.024 83	13.472 26	662.525 04
Droits d'entrée	250.105 40	159.909 65	10.591 80	420.606 85
Intérêts des fonds placés................	1.602.724 30	2.246.910 48	58.930 55	3.908.565 33
Subventions, dons et legs (3).............	991.311 95	1.090.121 79	77.543 90	2.158.977 64
Recettes diverses	1.222.861 82	844.669 84	77.181 22	2.144.112 88
Total des recettes....	15.129.172 78	14.358.115 11	774.408 82	30.261.696 71

1. Tous les chiffres qui suivent sont empruntés au dernier rapport officiel sur les sociétés de secours mutuels, paru le mois dernier — et s'appliquant à l'exercice 1899.

2. Nous avons respecté la façon de procéder du rapport, bien que n'ayant l'intention de faire aucune catégorisation spéciale en ce qui concerne les enfants.

3. Ces subventions ne comprennent pas celles qui sont

Les recettes totales des sociétés approuvées se sont donc élevées pour l'année 1899 au chiffre vraiment considérable de trente millions. Nous donnons ci-dessous un tableau comparatif des recettes effectuées par ces associations pendant les dix dernières années.

Années	Sommes	Années	Sommes
1890	20.971.685 34	1895	24.277.513 60
1891	21.685.719 68	1896	26.884.528 67
1892	22.241.667 60	1897	27.956.414 83
1893	22.324.654 28	1898	28.987.019 27
1894	23.624.860 74	1899	30.261.696 71

C'est donc une augmentation de près d'un tiers en dix ans! La progression est constante d'année en année et il faut remarquer particulièrement l'augmentation plus considérable entre les chiffres de 1898 et ceux de 1899, conséquence du mouvement provoqué par la loi du 1er avril 1898.

Il nous paraît intéressant d'établir la proportion générale des recettes entre elles, en faisant également remonter nos constatations aux dix dernières années.

allouées aux sociétés pour versements à leurs fonds de retraites.

NATURE des recettes	Tantième p. 100									
	1890	1891	1892	1893	1894	1895	1896	1897	1898	1899
Cotisations des membres honoraires...	9 83	9 66	9 97	9 59	9 62	9 67	9 08	8 89	8 86	8 74
Cotisations des membres participants .	63 50	62 68	62 74	62 68	60 92	61 62	62 77	61 04	61 73	60 51
Amendes..........	1 65	1 67	1 71	1 78	1 72	1 77	1 73	1 68	1 65	2 18
Droits d'entrée.....	1 55	1 53	1 49	1 45	1 45	1 46	1 48	1 30	1 28	1 39
Subventions, dons et legs.............	5 76	5 84	6 25	6 04	7 39	6 96	7 61	7 45	7 77	7 13
Intérêts des capitaux placés............	10 10	10 55	10 80	11 53	11 38	11 57	11 62	12 58	12 66	12 91
Recettes diverses...	7 61	8 07	7 04	6 93	7 52	6 95	5 71	6 36	6 05	7 14

Une première remarque suggérée par la lecture de ce tableau, c'est que la proportion des diverses recettes est restée à peu près constante : toutefois il est à retenir que l'écart le plus sensible porte sur lés cotisations des membres participants qui passent de 63,50 0/0 des recettes totales en 1890 à 60,51 en 1899, soit une diminution de 3 0/0 qui est relativement importante : c'est là une tendance qui nous semble fâcheuse pour les vrais intérêts de la mutualité, fondée essentiellement sur l'effort personnel de ses adhérents. Aussi au lieu d'une diminution est-ce une augmentation que nous voudrions voir se produire, et notre première remarque s'aggrave d'une seconde ; c'est le rapport entre les cotisations des membres participants et le moutant total des recettes : la contribution des participants ne représente que 60 0/0 de ce total, ce qui nous paraît bien faible, et nous aurons à nous demander, quand nous examinerons les indemnités allouées par nos sociétés de secours mutuels, si elles ne pourraient pas les rendre plus efficaces en demandant à leurs adhérents un sacrifice un peu plus élevé.

Quant à la moyenne de la cotisation de chaque membre participant, elle s'est élevée en 1899 à 14 fr. 17, mais ce chiffre a été calculé sur l'ensemble des sociétés approuvées : or un certain nombre de ces associations ont pour objet à peu près exclusif l'allocation de pensions viagères de retraite. Leurs recettes, il est vrai, sont de même nature que celles des sociétés de secours mutuels qui assurent leurs membres contre la maladie ; mais pour pouvoir faire une comparaison à peu près exacte entre la cotisation des membres participants et les frais de maladie par eux occasionnés, il faut indiquer le montant de la cotisation dans les sociétés de secours mutuels proprement dites. Les chiffres obtenus sont les suivants :

Cotisation moyenne des hommes .   14,22
       —   des femmes .   10,24
       —   générale . .   13,59

Cette dernière moyenne se trouve donc inférieure

à la moyenne que nous venons de relever et qui était
de 14 fr. 17 : c'est le chiffre de 13 fr. 59 qu'en définitive nous devrons retenir.

En terminant nos observations sur les cotisations
de membres participants et des membres honoraires, il nous semble utile de fixer la part considérable de ces derniers dans la prospérité des sociétés.
En effet, l'excédent des recettes sur les dépenses
dans les sociétés approuvées s'est élevé en 1899 à
5.760.434 fr. 68, et les cotisations des membres
honoraires ont produit la même année une somme
de 2.647.165 fr. 74, c'est-à-dire 45,96 p. 100 de
l'excédent des recettes.

Nous ne reviendrons pas sur les amendes et les
droits d'entrée, que nous avons indiqués comme faisant partie des recettes générales des sociétés, mais
dont l'importance est minime. Nous voulons seulement signaler la progression des subventions, dons
et legs dont ont bénéficié les sociétés approuvées
depuis dix ans :

ANNÉES	MONTANT des subventions, dons et legs	ANNÉES	MONTANT des subventions, dons et legs
1890	1.208.720 92	1895	1.689.133 72
1891	1.266.250 68	1896	2.045.442 91
1892	1.389.734 60	1897	2.083.800 05
1893	1.349.040 19	1898	2.253.217 30
1894	1.746.628 20	1899	2.458.977 64

Ici encore, sauf de passagères diminutions, la progression a été constante ; le chiffre de ce genre de recettes a presque doublé, tandis que le nombre des sociétés approuvées pendant la même période s'est à peine accru d'un tiers.

Voyons enfin la relation qui existe entre le montant des recettes dans les sociétés approuvées et le nombre de leurs membres participants. Voici comment elle se décompose suivant chaque catégorie de sociétés :

DÉSIGNATION des catégories	RECETTES totales	NOMBRE de membres participants	MOYENNE de la recette par membre participant
Sociétés d'hommes..	15.129.172 78	635.945	23.78
— — et de femmes........	14.358.115 11	609.598	23.54
Sociétés de femmes.	774.408 82	37.579	20.62
Ensemble......	30.264.696 71	1.283.092	23.58

La moyenne générale de la recette est donc de 23,58 par membre participant en 1899 ; elle est en très légère diminution depuis les dix dernières années. Elle atteignait 23 fr. 94 en 1890.

Pour résumer en quelques mots tout ce qui précède, nous dirons que les recettes des sociétés de secours mutuels sont de deux sortes : il y a pour chacune d'elles des recettes normales et des recettes com-

plémentaires. Les recettes normales comprennent
les cotisations des membres participants et les intérêts de ces cotisations. Les recettes complémentaires sont composées de tout le reste, c'est-à-dire : les
droits d'admission des membres participants ; les
cotisations des membres honoraires ; le produit des
amendes ; les dons et legs des particuliers ; les
subventions de l'Etat, des départements ou des
communes ; enfin le produit des fêtes organisées
par les sociétés et les intérêts des sommes provenant de toutes ces recettes. Il nous paraît préférable, dans l'intérêt de la bonne gestion des sociétés,
que ces deux catégories de recettes qui sont de nature essentiellement différente, soient portées à des
comptes distincts.

III

Nous allons maintenant examiner rapidement les
diverses dépenses auxquelles les sociétés sont tenues
de faire face.

Les sociétés de secours mutuels approuvées ont
dépensé en 1899 une somme de 24.501.262 fr. 03.
L'excédent des recettes sur les dépenses a atteint,
nous l'avons vu, le chiffre de 5.760.434 francs. Il convient d'ailleurs d'ajouter à cet excédent une somme
de 3.040.333 francs versée par ces associations à leur

fonds de retraites, et qui, bien que figurant comme dépense, doit être en réalité reportée à leur actif. Les quelques chiffres que nous venons d'indiquer suffisent à donner une idée de la prospérité générale des sociétés de secours mutuels approuvées.

Voyons maintenant à l'aide du tableau suivant les dépenses de ces associations en 1899 :

SPÉCIALITÉS des dépenses	SOCIÉTÉS COMPOSÉES			Ensemble	0/0
	d'hommes	d'hommes et de femmes	de femmes		
Secours en argent aux malades.......	3.899.05 085	2.129.579 42	166.274 75	6.194.905 02	25 28
Honoraires des médecins.	1.956.205 96	1.384.154 49	122.164 01	3.462.524 46	14 13
Frais pharmaceutiques ..	2.011.850 56	1.764.062 31	152.148 66	3.928.061 53	16 03
Secours aux vieillards infirmes et incurables...	325.074 57	135.302 45	9.387 70	469.764 72	1 92
Secours aux veuves et orphelins	330.797 28	205.720 94	4.824 50	541.342 72	z 21
Dépenses des enfants....	9.823 83	80.719 48	1.197 70	90.941 01	12 42
Versements au fonds de retraite	1.686.569 45	1.293.731 41	60.032 99	3.040.333 85	0 37
Frais funéraires.........	574.455 04	483.477 58	27.843 20	1.090.775 82	4 44
Pensions et suppléments payés sur les fonds livrés.	685.797 01	2.069.252 99	23.708 75	2.778.758 75	11 34
Frais de gestion........	582.639 02	599.210 43	42.087 57	1.223.907 02	4 99
Dépenses diverses.......	981.926 17	637.463 86	60.527 10	1.679.917 13	6 87
Total..........	13.043.389.74	10.787.675 36	670.196 93	24.501.262 03	

Quelques explications sont indispensables à l'ap-

pui de ces chiffres : la première remarque qui frappe
l'esprit, c'est l'importance des dépenses de maladies qui représentent à elles seules 13.585.491
francs, mais d'autre part ce chiffre ne représente
que 55 p. 100 environ du montant total des dépenses et nous ne devons pas oublier que les sociétés
de secours mutuels sont encore à l'heure actuelle et
malgré les extensions considérables apportées par
la loi du 1er avril 1898, organisées avant tout pour
parer au risque de maladie : aussi aurons-nous à
nous demander si cette proportion de 55 0/0 est
vraiment satisfaisante ou s'il ne serait pas préférable au contraire qu'elle fût plus élevée. Elle a sensiblement diminué d'ailleurs depuis 10 ans puisqu'elle était de 59,5 p. 100 en 1890. Pour l'instant,
nous devons nous contenter de dire quelques mots
des diverses autres dépenses qui figurent au budget
des sociétés, réservant pour un examen spécial tout
ce qui concerne les secours de maladie.

Par ordre d'importance nous trouvons les pensions de retraite, qui, sous forme d'affectation au
fonds de retraites déposé à la Caisses des dépôts et
consignations (1) et de pensions et suppléments de

---

1. Bien que nous nous soyons volontairement abstenu de
toute explication relative à l'organisation des pensions de
retraite par les sociétés de secours mutuels, nous croyons
devoir rappeler que la loi du 1er avril 1898 a permis de constituer ces pensions de différentes façons. Le fonds de retraite

pension payés sur les fonds libres, absorbent une somme totale de 5.819.092 fr. 60, soit 23,75 0/0 du montant des dépenses annuelles. Si nous ajoutons cette somme à la dépense totale de maladie, nous constaterons que la maladie et les pensions de retraites absorbent 79 0/0 du total des dépenses, soit près des 4/5.

Aussi les autres dépenses représentent-elles une part beaucoup plus modeste : nous trouvons en premier lieu les secours alloués par certaines sociétés

existant à la Caisse des dépôts et consignations au moment de la promulgation de loi est frappé d'inaliénabilité ; il en sera de même de tout fonds de retraite créé dans la suite et de toutes sommes versées au fonds commun déjà constitué. Les pensions de retraite peuvent être servies de deux façons à l'aide de ce fonds commun :

1° Par l'intermédiaire de la Caisse nationale des retraites, au taux de 3 fr. 50 p. cent (avec les bonifications de l'Etat, ce taux s'élève à 4 0/0 environ) ; lors du décès du pensionnaire, le capital constitutif de la pension est réintégré au fonds de retraite de la société ;

2° Par les sociétés elles-mêmes sur les intérêts du fonds commun, qui bénéficie du taux de 4 1/2 p. cent.

En dehors des deux modes qui précèdent, les sociétés peuvent encore constituer des pensions au moyen du livret individuel de la Caisse nationale des retraites, qui demeure la propriété du titulaire. Enfin, elles peuvent également assurer ce service sur les intérêts des fonds déposés par elles en compte-courant à la Caisse des dépôts et consignations et portant intérêt à 4 1/2 p. cent.

En 1899 la moyenne générale des pensions servies par les sociétés approuvées était de 71 francs.

à leurs vieillards infirmes et incurables, par application de l'art. 25 de la loi du 1ᵉʳ avril 1898. En 1899, 1.572 sociétés approuvées, c'est-à-dire 8,500/0 du nombre total de ces associations, ont alloué à 8.745 vieillards une somme de 469.764 fr. 72, ce qui représente en moyenne un secours de 53 fr. 72 par personne secourue. Cette dépense qui ne figure que pour 1,92 0/0 dans le total a imposé dans ces sociétés une charge d'environ 1 fr. 80 à chaque membre participant.

Des secours aux veuves et aux orphelins ont été accordés en 1899 par 1.263 sociétés approuvées, soit 14,86 0/0 du nombre de ces associations ayant fonctionné. La moyenne générale de ce secours a été de 79 fr. 22 par personne secourue et la contribution imposée de ce chef à chaque membre participant s'est élevée à 3 francs environ.

Ensuite, nous devons mentionner les frais funéraires qu'un grand nombre de sociétés de secours mutuels allouent à leurs membres participants décédés.

En 1899 ces secours ont été accordés par 4.417 sociétés (soit 55 0/0 du nombre total) et se sont élevés à la somme de 1.090.775 fr. 82 pour 15.444 décès. La moyenne pour chaque décès qui est de 70 fr. 59 s'est sensiblement accrue au cours des dix dernières années. Elle était de 61 fr. 30 en 1890.

Ce genre de secours met à la charge de chaque sociétaire une dépense d'environ 1 fr. 50 par an.

Restent enfin des frais de gestion, qui ne représentent que 4,99 0/0 du montant des dépenses totales. De 871.130 francs en 1890 ils se sont élevés à 1.223.937 francs en 1899, soit une augmentation d'un tiers : or leur progression est normale puisque le nombre des sociétés s'est accru au cours de cette période dans la même proportion. La charge imposée de ce chef à membre participant a été de 0 fr. 95 pour l'année 1899.

Ces chiffres peuvent être considérés comme un minimum et indiquent une sage économie.

Pour terminer le chapitre des dépenses et des recettes, il nous paraît indispensable de donner un aperçu de l'excédent total des recettes sur les dépenses, en ne comprenant pas dans ces dernières les versements effectués par les sociétés à leur caisse de retraite.

Années	Recettes	Dépenses	Excédent de recettes	Années	Recettes	Dépenses	Excédent de recettes
1890.	20.971.685	16.530.284	4.441.400	1895.	24.277.513	18.791.711	5.485.801
1891.	21.685.719	16.247.570	5.438.149	1896.	26.884.528	18.713.627	8.170.901
1892.	22.241.667	16.845.681	5.395.986	1897.	27.956.414	19.352.722	8.603.692
1893.	22.324.654	17.226.190	5.098.464	1898.	28.987.019	20.609.098	8.377.920
1894.	23.624.860	17.416.476	6.208.383	1899.	30.261.696	21.460.928	8.800.768

La constatation intéressante que nous permet de faire ce tableau, c'est que l'excédent des recettes sur les dépenses a constamment progressé dans une proportion plus considérable que le chiffre des recettes et des dépenses annuelles ; voilà assurément un signe caractéristique de la bonne gestion de nos sociétés mutuelles.

Enfin, une dernière remarque est digne de retenir notre attention : c'est l'importance progressive acquise par le chapitre des pensions et suppléments de pensions payés sur les fonds libres, c'est-à-dire en somme, sur les fonds qui appartiennent essentiellement à l'assurance contre la maladie (1), il y a là une tendance qui nous semble des plus fâcheuses et qui provient précisément de la confusion permise par la loi de 1898 entre les diverses catégories de recettes et de dépenses ; il est en effet possible de craindre que beaucoup d'associations primitivement organisées en vue de l'assurance contre la maladie, ne soient tentées de la reléguer au second plan, attirées comme elles le sont vers les pensions de retraites par les avantages de la nouvelle loi. Sans doute ce n'est qu'une appré-

1. Ces pensions représentent déjà 11,34 p. cent de l'ensemble des dépenses, et depuis 3 ans, leur progression est considérable : elles ne représentaient en effet que 7 p. cent du total en 1897, et nous savons que l'année 1900 accusera une augmentation considérable.

hension, mais dont on peut à bon droit redouter la réalisation (1).

1. Comme les recettes, les dépenses des sociétés approuvées sont de deux sortes, normales ou complémentaires ; parmi les dépenses normales nous rangerons : les secours en cas de maladie et les frais généraux (frais médicaux et pharmaceutiques, indemnités quotidiennes, frais d'administration) ; les retraites ; les assurances au décès. Les dépenses complémentaires comprennent : les allocations annuelles renouvelables aux membres infirmes et incurables ; des secours exceptionnels aux malades dont la maladie se prolonge au-delà de la limite réglementaire, et en général toutes les dépenses ayant un caractère de force majeure, comme par exemple celles qui seraient causées par une épidémie.

CHAPITRE IV

§ I. Les dépenses de maladie dans les sociétés de
secours mutuels approuvées. Nombre des malades.
§ II. Modes d'allocation et durée des secours.
§ III. Indemnités pécuniaires.

§ I. — Les dépenses de maladie dans les sociétés de secours mutuels approuvées. Nombre de malades.

I

A part les associations peu nombreuses encore qui
ont pour objet exclusif de garantir une pension de
retraite (1) à leurs adhérents, la grande majorité des
sociétés de secours mutuels approuvées fournissent
à leurs membres participants des secours en cas de
maladie, de blessures ou d'accident ; mais toutes n'ont
pas adopté le même système d'allocation de ces secours. Un assez grand nombre de sociétés n'accordent
à leurs adhérents que le paiement des frais de médecin et de pharmacien occasionnés par leur mala-

1. Il y en avait exactement 166 au 31 décembre 1899.

die. Quelques-unes même ne pourvoient qu'à l'une de ces deux dépenses ; enfin le plus grand nombre garantissent à leurs membres, en dehors des frais médicaux et pharmaceutiques l'allocation d'une indemnité pour le chômage qui est la conséquence inévitable de la maladie.

Avant d'examiner en détail le fonctionnement de ces divers services, voyons quel est le nombre de malades auxquels les sociétés approuvées ont porté secours pendant l'année 1899. En excluant les associations qui n'ont que la retraite pour objet, le nombre des membres participants secourus pour maladie a été de 372.891 dont 310.885 hommes et 62.006 femmes, ce qui sur un total de 1.096.323 sociétaires donne une moyenne de 34,01 malades pour 100 sociétaires, soit 33,67 pour les hommes et 35,77 pour les femmes.

Le tableau suivant nous permettra de voir quelles ont été les variations de cette moyenne pendant les dix dernières années.

Années	Nombre de malades	Proportion par 100 sociétaires	Hommes 0/0	Femmes 0/0	Années	Nombre de malades	Proportion par 100 sociétaires	Hommes 0/0	Femmes 0/0
1890 ...	292.533	36 43	36 67	35 13	1895...	312.156	33 96	33 70	35 32
1891 ...	270.826	33 10	32 87	34 34	1896...	290.427	30 46	29 99	32 90
1892 ...	280.893	33 37	33 27	33 91	1897...	322.062	34 06	33 54	36 70
1893 ...	288.445	33 40	33 18	34 61	1898...	351.804	33 28	32 59	36 80
1894 ...	289.518	32 77	32 38	34 85	1899...	372.891	34 01	33 67	35 77

Les différences que nous constatons sont en somme de faible importance ; elles sont d'ailleurs inévitables, si l'on réfléchit que la moyenne est abaissée ou élevée selon que l'état sanitaire général est bon ou mauvais. Si l'on laisse de côté ces légères différences, on peut retenir comme moyenne ordinaire et à peu près constante une proportion de malades de 33 pour cent sociétaires, soit environ un tiers.

Une seconde observation nous est suggérée par la lecture du tableau ci-dessus, c'est que la moyenne du nombre des malades est toujours proportionnellement plus élevée chez les femmes que chez les hommes, et cependant nous allons voir par les chiffres indiqués ci-dessous, que la moyenne du nombre des malades est plus faible dans les sociétés composées exclusivement de femmes, que dans les sociétés composées exclusivement d'hommes (Voir tableau suivant).

Il semble y avoir une anomalie dans cet écart de plus de 3 0/0 entre le nombre des malades femmes dans les sociétés de femmes et dans les sociétés d'hommes et de femmes ; mais la différence nous paraît s'expliquer par ce fait que dans un grand nombre de sociétés composées d'hommes et de femmes, les accouchements des femmes des sociétaires sont considérés et secourus comme une maladie ordinaire : de là l'augmentation considérable de la moyenne en ce qui concerne ces associations.

§ II. — Modes d'allocation et durée des secours.

Examinons maintenant dans quelles conditions est allouée aux sociétaires l'indemnité pécuniaire par les sociétés approuvées qui assurent ce secours à leurs membres participants, en réservant pour le chapitre suivant le fonctionnement du service médical et pharmaceutique.

DÉSIGNATION des sociétés	NOMBRE des malades		NOMBRE de sociétaires		MOYENNE des malades par 100 sociétaires		
	hommes	femmes	hommes	femmes	hommes	femmes	moyenne générale
Sociétés d'hommes..........	209.219		646.040		33 96		33 96
Sociétés d'hommes et de femmes..........	101.666	49.572	307.002	135.732	33 09	36 53	34 15
Sociétés de femmes..........		12.434		37.579		33 08	33 08
	310.885	62.006	923.042	173.311	33 67	35 77	34 01

En 1899, le nombre de journées de maladie payées en argent s'est élevé à 4. 961.912 (soit 4.248.753 pour les hommes et 713.159 pour les femmes). Ces chiffres qui se répartissent sur un total de 902.485 membres participants (811.141 hommes et 91.344 femmes), donnent pour chaque membre participant une moyenne de 5,49 journées de maladie (soit 5,23 pour les hommes et 7,80 pour les femmes). Les malades auxquels sont applicables ces journées de maladie étant au nombre de 223.684 (savoir : 199.750 hommes et 23.934 femmes), il en résulte que la durée moyenne de la maladie a été pour chaque malade de 22,19 journées (21,27 pour les hommes et 29,80 pour les femmes).

Etant donné l'intérêt de la question, voici d'ailleurs le détail des moyennes pour chaque catégorie d'associations :

| CATÉGORIES d'associations | NOMBRE de membres participants | | NOMBRE de malades | | NOMBRE de journées de maladie | | MOYENNES | | | |
| | | | | | | | par malade | | par membre participant | |
	hommes	femmes	hommes	femmes	hommes	femmes	hommes	femmes	hommes	femmes
Sociétés d'hommes..........	559.335	»	145.634	»	3.070.550	»	21 08	»	5 48	, »
Sociétés d'hommes et de femmes..........	251.806	60.240	54.116	17.426	1.178.203	568.752	21 77	32 65	4 67	9 44
Sociétés de femmes..........		31.104	»	6.508	»	144.407	»	22 19	»	4 64
Totaux.......	902.485		223.684		4.961.912		22 19		5 49	

Ce tableau nous révèle pour la durée des maladies la même situation que celle que nous avons observée à propos du nombre des malades : la moyenne

est sensiblement plus considérable chez les femmes
que chez les hommes : dans les sociétés composées
de sociétaires des deux sexes. Nous ne pouvons que
répéter ce que nous avons déjà dit à ce sujet : c'est
que l'augmentation nous paraît surtout provenir de
ce fait que les couches sont considérées comme des
maladies ordinaires pour les femmes des sociétaires
dans un grand nombre de sociétés composées d'hommes et de femmes. Tous les chiffres qui précèdent
ne s'appliquent qu'aux journées de maladies
payées en argent : c'est le moment de nous expliquer sur les conditions dans lesquelles est allouée l'indemnité pécuniaire. Cette indemnité est
accordée par les sociétés pendant une période qui est
le plus souvent de trois mois et qui s'élève très rare-
ment jusqu'à six mois ; il n'existe guère d'associations qui dépassent cette dernière limite. D'autre part,
l'indemnité n'est généralement payée que lorsque
la maladie dépasse quatre ou cinq jours, les indispositions qui n'excédent pas cette durée ne donnant
lieu, de la part des sociétés qui assurent ces services qu'à l'assistance de médecin et à la délivrance
des médicaments. Une semblable disposition ne
saurait être critiquée ; il est bien certain en effet
qu'un chômage aussi court ne risque pas d'absorber
les économies du sociétaire, mais ce qui nous paraît
beaucoup plus contestable, c'est l'habitude, de la
part de beaucoup de sociétés, de faire le rappel des

premiers jours lorsque la maladie se prolonge.

« Lorsque l'indemnité est allouée à partir du premier jour, dit M. Louis Fontaine (1), pour toute maladie durant plus de cinq jours, par exemple, ceux qui ont été réellement malades pendant quatre ou cinq jours seulement, au lieu d'avoir intérêt à reprendre le travail dès qu'ils sont guéris, ont à lutter contre la tentation de prolonger par toutes les feintes possibles jusqu'au sixième jour inclusivement, leur incapacité de travailler. L'économie qu'on réaliserait à n'accorder l'indemnité qu'à partir du quatrième, du cinquième ou du sixième jour de maladie, permettrait de l'augmenter, de la continuer aussi longtemps que l'incapacité de travailler, en un mot de rendre efficace la réparation du dommage causé par une grave maladie ».

Ces lignes nous paraissent empreintes d'une grande justesse, et nous estimons également qu'il serait préférable de supprimer le rappel des premiers jours, et d'appliquer l'économie qui résulterait de cette suppression au prolongement des indemnités pendant les longues maladies. Un mutualiste autorisé (2) a exprimé la nécessité de cette modification dans des termes fort sensés : « Nous laisserons en dehors de l'assurance les indispositions

1. *Loc. cit.*
2. P. de Laffitte, *Essai d'une théorie rationnelle des sociétés de secours mutuels.*

légères dont la durée ne dépasse pas deux ou trois jours..... Tout le monde est sujet à ces petits accidents, qui par cela même échappent à toute assurance. Quand un risque frappe tous les assurés ou à peu près tous, l'assurance ne peut guère que rendre à chacun sa prime et alors il est inutile de mettre ces primes en commun.

« C'est la maladie grave et de longue durée qui est le fléau du pauvre ; c'est celle-là qui devient ruineuse à cause des dépenses qu'elle nécessite et du chômage qui en est la conséquence forcée. C'est contre ce danger qu'il faut réserver toutes les ressources de l'association. Ce risque remplit d'ailleurs assez bien les conditions qu'exige une bonne assurance : écrasant pour ceux qu'il atteint, il est assez rare pour qu'une prime légère payée par un grand nombre d'assurés permette d'indemniser raisonnablement le nombre de ceux qui seront frappés ».

Nous nous associons avec conviction à ces idées et nous regrettons que sur ce point nos sociétés de secours mutuels n'aient encore réalisé aucun progrès sensible. Après les trois mois au delà desquels l'indemnité pécuniaire cesse d'être allouée, ainsi d'ailleurs que les soins du médecin et les médicaments, le sociétaire se trouve brusquement en face de la situation la plus précaire ; s'il réussit à se tirer de ce mauvais pas ce n'est qu'au prix de grandes privations et il est la plupart du temps dans la nécessité de cesser le versement de ses cotisations ; alors, rayé de la société en vertu des dispositions statutaires, le voilà privé à tout jamais du fruit de ses efforts. Cette situation est déplorable ; sans doute, un assez grand nombre de sociétés décident qu'un secours, déterminé par le bureau doit être alloué au sociétaire malade, lorsqu'il a atteint le terme fixé par les statuts ; mais ce secours est la plupart du temps infime. Sans doute aussi certaines associations accordent des allocations renouvelables à leurs membres infirmes ou incurables, mais en examinant les dépenses des sociétés approuvées, nous avons pu constater la part presque insignifiante que représentent ces sortes de secours et il faut bien reconnaître que la plupart des sociétés ne pourraient faire plus sans compromettre leur équilibre financier. Le remède est donc ailleurs et nous devons, pour être juste reconnaître qu'il a déjà été appliqué avec succès : mais encore trop isolément, nous voulons parler des caisses de réassurances ; ce sont des sociétés ou des unions de sociétés qui prennent à leur charge au delà de la limite fixée par les statuts les sociétaires malades faisant partie des associations adhérentes.

Souhaitons que sur ce point les dispositions très libérales de la loi du 1er avril 1898 et notamment l'article 8, portent bientôt leurs fruits, car l'assurance contre la maladie ne peut être efficace qu'à cette condition. En Allemagne, nous le verrons, on l'a fort bien compris ; les caisses d'assurance pouvaient, avant la nouvelle loi de 1899 sur l'invalidité, prolonger jusqu'à 52 semaines l'allocation des secours ; depuis la loi de 1899, l'invalidité est déclarée lorsque la guérison n'est pas atteinte au bout de vingt-six semaines, sous certaines conditions, et le malade passe alors à la charge de l'assurance-invalidité. Le mal que nous signalons se trouve ainsi efficacement conjuré.

§ III. — Indemnités pécuniaires.

Malgré la limitation de leur durée nous avons vu quelle charge considérable les indemnités pécuniaires de maladie imposaient aux sociétés de secours mutuels approuvées, puisque pendant la seule année 1899, elles ont dépensé de ce chef une somme de 6.194.905 francs, payée par 7.381 sociétés soit 88 p. cent du nombre total. Sur cette somme, 5.559.146 fr. 11 ont été payés à 199.750 malades hommes et 635.758 fr. 71 à 23.934 malades femmes ; ce qui représente une moyenne de 27 fr. 84 par homme et de 26 fr. 57 par femme, soit une moyenne

---

1. Au point de vue statistique, nous devons remarquer en raison de la double limite que nous venons de signaler pour l'allocation des secours pécuniaire, que les chiffres relatifs au nombre et à la durée des maladies et les moyennes qui en découlent ne sont qu'approximatifs, puisqu'ils ne comprennent ni les indispositions de courte durée, ni les jours de maladie au delà du terme fixé par les statuts. Il faut donc se montrer assez réservé sur leur appréciation.

générale de 27 fr. 70. Le peu de différence entre les deux moyennes (hommes et femmes) s'explique par la durée plus grande des maladies chez les femmes.

Les journées de maladies payées en argent s'étant élevées à 4.248.753 pour les hommes et 713.159 pour les femmes, soit au total 4.961.912, il s'ensuit que l'indemnité moyenne par journée de maladie a atteint 1 fr. 24 (c'est-à-dire pour les hommes 1 fr. 30 ; et pour les femmes 0 fr. 89). Si nous répartissons le montant de l'indemnité pécuniaire sur l'effectif des sociétés qui ont assuré ce secours, soit 902.485 membres, nous voyons que l'indemnité pécuniaire de maladie frappe chaque participant d'une contribution moyenne de 6 fr. 85 pour les hommes et de 6 fr. 95 pour les femmes, d'où une moyenne générale de 6 fr. 86.

Voici d'ailleurs, par catégories d'associations, le montant de l'indemnité pécuniaire et la moyenne de cette indemnité (Voir tableau page 108).

Il nous semble intéressant de comparer les résultats de l'année 1899 avec ceux des cinq années précédentes, tels qu'ils résultent du tableau ci-dessous (Voir tableau page 109).

La lecture de ce tableau suggère plusieurs observations. La première, c'est la différence considérable qui se révèle entre le nombre des membres participants et des malades dans les années 1894 et 1895 ; ces deux nombres sont sensiblement plus

DÉSIGNATION DES SOCIÉTÉS	MONTANT des indemnités de maladie		NOMBRE de malades		NOMBRE de journées de maladie		NOMBRE de membres participants		MOYENNE des indemnités de maladie — par malade		par journée de maladie		par membre participant	
	hommes	femmes	hommes	femmes	hommes	femmes	hommes	femmes	hommes	femmes	hommes	femmes	hommes	femmes
	fr.								fr.	fr.	fr.	fr.	fr.	fr.
Sociétés d'hommes..........	3.899.050	»	145.634	»	3.070.550	»	559.335	»	26 78	»	1 27	»	6 97	»
Sociétés d'hommes et de femmes..........	1.660.095	469.483	54.116	17.426	1.178.203	568.752	251.806	60.240	30 68	26 94	1 41	0 82	6 59	7 79
Sociétés de femmes..........	»	166.274	»	6.508	»	144.407	»	31.104	»	25 54	»	1 15	»	5 34
	5.559.145	635.757	199.750	23.934	4.248.753	713.159	811.141	91.344	27 84	26 57	1 30	0 89	6 85	6 95
Ensemble......	6.194.905		223.684		4.961.912		902.485		27 70		1 24		6 86	

Années	Montant des indemnités	NOMBRE		Total des membres participants	INDEMNITÉS MOYENNES								
					par malade			par journée de maladie			par membre participant		
		des malades	des journées de maladie		hommes	femmes	ensemble	hommes	femmes	ensemble	hommes	femmes	ensemble
					fr.	fr.	fr.	fr.	fr.	fr.	fr.	fr.	fr.
1894	5.211.957	289.518	4.588.806	883 559	19 69	9 58	18 »	1 21	0 71	1 14	6 38	3 34	5 90
1895	5.777.962	262.667	4.348.058	746.251	22 62	17 22	22 »	1 34	1 21	1 33	7 93	6 26	7 74
1896	5.468.901	200.830	4.213.062	770.623	27 44	25 68	27 23	1 34	1 04	1 30	7 12	6 93	7 10
1897	5.542.915	203.918	4.396.549	790.550	26 97	28 93	27 18	1 29	1 09	1 26	6 97	7 33	7 01
1898	6.097.281	222.716	4.736.813	851 063	27 44	26 92	27 38	1 31	1 07	1 28	7 12	7 51	7 16
1899	6.194.905	223.684	4.961.912	902.485	27 84	26 57	27 70	1 30	0 89	1 24	6 85	6 95	6 86

faibles en 1895, tandis que le montant des indemnités de maladie payées pendant cette même année ainsi que les diverses moyennes qui en sont extraites sont sensiblement plus élevées qu'en 1894. Cette anomalie nous paraît s'expliquer par suite de la loi du 29 juin 1894 qui a soumis les caisses de mineurs à des règles spéciales dont nous aurons l'occasion de parler dans la suite, et qui les a rattachées au ministère des travaux publics, alors qu'elles dépendaient auparavant du service des institutions de prévoyance et qu'elles figuraient dans les statistiques au même titre que les sociétés de secours mutuels. Ces caisses dont le personnel était généralement très nombreux n'accordaient à leurs membres que de très faibles indemnités pécuniaires ce qui explique dans une large mesure le relèvement brusque de la moyenne en 1895, conséquence

évidente de la séparation produite par la loi de
1894.

Nous remarquons en second lieu que la moyenne
des indemnités pécuniaires, après avoir atteint son
maximum en 1895, tend à s'abaisser depuis cette époque, et qu'elle subit surtout une sensible diminution
entre l'année 1898 et l'année 1899. Cette dernière
diminution nous paraît résulter de l'influence exercée sur la mutualité par les dispositions de la nouvelle loi : nous avons déjà exprimé nos craintes sur
les conséquences redoutables que pouvait avoir pour
l'assurance contre la maladie la faculté accordée aux
sociétés de secours mutuels par l'art. 1er de la loi,
de pratiquer concurremment les assurances à long
terme ; il semble que sur ce point déjà nos appréhensions se trouvent justifiées. Entraînées par l'ap-
pât des avantages qui leur sont promis, les sociétés
ont une tendance marquée à s'aventurer sans précautions suffisantes dans toutes les opérations ouver-
tes à leur activité, et comme elles ne sont point
obligées de constituer pour ces dépenses nouvelles,
des comptes distincts alimentés par des ressources
correspondantes, elles croient pouvoir y faire face
au moyen de la cotisation unique imposée aux sociétaires et destinée en principe à couvrir les seules
dépenses de maladie. Voilà pourquoi la diminution
constante de la moyenne des indemnités de maladie,

qui s'accuse de plus en plus, nous semble vraiment inquiétante.

Déjà, à première vue, les allocations de chômage dont bénéficient en cas de maladie les membres des sociétés de secours mutuels apparaissent en effet comme bien faibles, si même elles ne sont pas insuffisantes : une indemnité de chômage de 1 fr. 25 par jour pour un homme et de 0 fr. 90 pour une femme peuvent être considérés comme le strict minimum, surtout lorsqu'il s'agit de sociétaires ayant des charges de famille.

Sans doute, l'indemnité doit seulement remédier en partie à la perte du salaire. « Les secours en argent accordés au malade ne couvrent pas les pertes de salaires, et il ne faut pas qu'ils les couvrent ; il ne le faut pas, parce que le malade et les siens doivent avoir intérêt à la reprise du travail » (1). Cette idée est absolument juste ; mais si le secours en argent ne doit pas compenser exactement le salaire, il ne doit pas non plus lui être inférieur au point de devenir inefficace. Or, nous l'avons constaté, les sociétés n'assurent à leurs membres le paiement de l'indemnité pécuniaire que pendant une durée qui n'excède pas trois mois en général ; de plus, pendant cette période le chiffre de l'indemnité varie le plus souvent entre le commencement et la fin de la maladie.

1. P. de Laffitte, *loc. cit.*

En effet, la plupart des sociétés réduisent au bout de quelques semaines le montant de l'indemnité journalière, après avoir accordé par exemple 1 franc par jour pendant le premier mois, elles n'allouent plus qu'un secours de 0 fr. 75 et parfois même de 0 fr. 50 pendant les mois suivants.

Ce système présente les plus graves inconvénients. D'une part en effet, la caisse de la société se trouve grevée dans des proportions très considérables puisque la durée moyenne des maladies est, nous l'avons vu, d'environ 23 ou 24 jours et que c'est précisément pendant ce laps de temps que les plus fortes indemnités sont payés. D'autre part les sociétaires en souffrent également car, la maladie se prolongeant, les ressources personnelles du malade s'épuisent de plus en plus, de sorte que le secours de la société, qui lui-même diminue, arrive à ne plus lui être d'aucune utilité.

Aussi, pour faire disparaître ces deux conséquences fort regrettables, des mutualistes ont proposé le système inverse, c'est-à-dire celui des indemnités croissantes. On alloue par exemple :

1 franc par jour pendant une première période de 30 jours ;

1 fr. 50 par jour pendant une deuxième période de 75 jours ;

2 francs par jour pendant une troisième période de 75 jours.

Ce système, déjà mis en pratique par un certain nombre de sociétés, a donné les résultats les plus satisfaisants en leur procurant une diminution sensible dans les dépenses de maladie. De plus, les sociétaires ont cet avantage de recevoir une indemnité qui augmente en même temps que leurs besoins. Enfin on arrive ainsi à éviter certaines fraudes résultant de la part des sociétaires de déclarations de maladies trop hâtives et peu justifiées.

Cette méthode, innovée par un mutualiste éminent, M. le Dr Rétali, a été approuvée par le troisième congrès national des sociétés de secours mutuels, et ces associations agiraient sagement, croyons-nous, en en faisant l'application.

Une dernière cause, qui vient encore affaiblir la portée utile des indemnités pécuniaires de maladie mérite notre attention : un assez grand nombre de sociétés, au lieu de prendre à leur charge, dans les conditions que nous allons examiner au chapitre suivant, les frais de médecin et de pharmacien, allouent à leurs malades une indemnité unique, un peu plus élevée, destinée à la fois à payer le médecin et les médicaments et à compenser dans une certaine mesure la perte du salaire. On se rend compte que par suite de cette pratique encore assez répandue, la moyenne de l'indemnité véritable destinée à faire face aux conséquences du chômage, que nous avons trouvée équivalente à 1 fr. 24 pour l'exercice 1899, se trouve ainsi réduite chaque année dans une certaine proportion, qu'il n'est pas possible d'évaluer exactement, mais qui, quelle qu'elle soit, est importante, puisque la moyenne est déjà un strict minimum.

En soi, ce système offre sans doute le précieux avantage de supprimer radicalement les grosses difficultés que présente pour les sociétés l'organisation du service médical et pharmaceutique et sa simplicité incite à l'adopter. Mais ses résultats pratiques sont souvent déplorables. En effet, certaines maladies exigent impérieusement les soins assidus du médecin et une grande quantité de médicaments ; dans ce cas, il arrivera que le malade sera obligé de dépenser le montant total de l'indemnité qui lui est allouée sans pouvoir rien garder pour lui et pour les siens. D'autres affections, au contraire, ne demandent que peu de remèdes et parfois une ou deux visites du médecin sont suffisantes ; les sociétaires qui sont atteints de ces maladies pourront donc conserver pour eux la majeure partie de l'indemnité qu'ils reçoivent de la société.

Il y a là, de toute évidence, une inégalité des plus choquantes. En outre, les sociétés qui pratiquent le système de l'indemnité unique risquent d'en éprouver elles-mêmes les fâcheux effets, car il arrivera souvent que les sociétaires désireux de conserver pour eux la majeure partie du secours en argent

qui leur est accordé, négligeront d'acheter les médicaments qui leur sont prescrits et de recourir aux
visites du médecin aussi souvent que leur état l'exi-
gerait. Il s'ensuit que fréquemment la guérison est
compromise ou tout au moins retardée, et si le malade est la première victime de sa négligence, la
caisse de l'association se trouve également grevée
d'un surcroît de dépenses parfois considérable.

Aussi le système du paiement direct, par la société des frais de visites et de médicaments, aux médecins et aux pharmaciens, nous semble-t-il préférable. Il est, comme nous l'allons voir, la source de
grosses difficultés ; mais malgré ses imperfections et
à cause de son caractère d'équité indispensable à
toute œuvre mutualiste, nous pensons qu'il doit
continuer à être pratiqué par les sociétés de secours mutuels.

CHAPITRE V

ORGANISATION DU SERVICE MÉDICAL ET DU SERVICE PHAR-
MACEUTIQUE DANS LES SOCIÉTÉS DE SECOURS MUTUELS.

§ I. — Service médical.

Pendant l'année 1899, les 7301 sociétés approuvées qui ont assuré à leurs membres le paiement des
frais de médecin ont dépensé de ce chef une somme
de 3.462.524 fr. 46, dont ont bénéficié 322.877 malades. Cette somme répartie sur les 961.039 membres participants faisant partie de ces sociétés représente en moyenne à la charge de chacun d'eux une
somme de 3 fr. 60. Pour chaque malade, la moyenne
s'élève à 10 fr. 73 : Voici d'ailleurs les résultats obtenus pour chaque catégorie d'associations. (V. tableau p. suivante) :

Ces chiffres nous indiquent que la dépense moyenne
est à peu près la même dans les sociétés d'hommes
et dans les sociétés de femmes, dans les sociétés
d'hommes et de femmes, elle est légèrement infé-

DÉSIGNATION des sociétés	NOMBRE		MONTANT des honoraires médicaux	MOYENNE	
	de malades	de membres participants		par malade	par membre participant
Sociétés d'hommes.	176.505	528.615	1.956.205 96	11 08	3 70
Sociétés d'hommes et de femmes	135.608	398.728	1.384.154 40	10 21	3 47
Sociétés de femmes.	10.764	33.696	122.164 01	11 34	3 62
Ensemble....	322.877	961.039	3.462.524 46	10 73	3 60

rieure : cette différence nous paraît devoir être attribuée à la cause que nous avons déjà eu l'occasion de
signaler, en examinant la durée moyenne des maladies
dans ces associations : les suites d'un accouchement
normal y sont considérées comme une maladie ordinaire et elles n'exigent pas toujours l'intervention
du médecin, d'où une légère diminution du montant
des honoraires médicaux.

Voyons maintenant quelles ont été les variations
de ces moyennes au cours des six dernières années.
(V. tableau p. suivante) :

Les différences révélées par ce tableau sont sans
grande importance et ne nous paraissent se ratta-
cher à aucune cause bien déterminée.

Au point de vue de son organisation, le service médical dans les sociétés de secours mutuels présente,
avons-nous dit, de sérieuses difficultés : la question

ANNÉES	NOMBRE		MONTANT des honoraires médicaux	MOYENNE des honoraires médicaux	
	des malades	des membres participants		par malade	par membre participant
1894	289.518	883.559	2.775.570 69	9 59	3 14
1895	274.379	785.376	2.917.363 46	10 63	3 71
1896	258.334	808.814	2.889.711 03	11 19	3 57
1897	278.344	827.471	3.022.382 14	10 86	3 65
1898	306.282	887.390	3.183.711 86	10 40	3 58
1899	322.877	961.039	3.462.524 46	10 73	3 60

est trop importante au point de vue du fonctionnement de l'assurance contre la maladie pour que nous puissions négliger de l'examiner (1).

Pendant longtemps, il faut le reconnaître, les rapports entre les sociétés de secours mutuels et le corps médical ont été assez tendus. La grande impulsion donnée aux sociétés de secours mutuels par le décret de 1852 effraya certains esprits du corps médical qui redoutèrent une diminution très considérable des honoraires par suite des exigences que l'importance des sociétés leur permettrait d'imposer aux médecins. Ces griefs ont pris corps depuis, mais des accommodements sont fort heureusement intervenus sur

1. Nous empruntons la plupart des renseignements qui vont suivre à l'intéressant rapport de M. le docteur Gyoux au congrès international de la mutualité qui s'est tenu à Paris en juin 1900.

bien des points et à l'heure actuelle la situation est infiniment meilleure.

Le principe de la difficulté réside dans le choix d'un système qui puisse assurer d'une façon satisfaisante pour les deux parties en cause la rémunération due aux médecins. Trois méthodes surtout sont en présence : le système à forfait, celui du calcul par visite, celui de l'abonnement.

La rémunération à la visite semble à première vue donner satisfaction à tout le monde, surtout au corps médical qui reçoit directement ses honoraires du client qui le choisit, sans avoir à redouter aucune atteinte à sa dignité professionnelle. Mais en revanche, avec ce système, la société se trouve dans une incertitude absolue au point de vue de sa dépense et c'est là un grave inconvénient, dont les conséquences peuvent aller jusqu'à compromettre son équilibre financier ; seules, les sociétés nombreuses et riches, qui peuvent dépenser sans compter ont la possibilité d'adopter le service à la visite. En effet, aucune limite ne peut être imposée par la société au nombre des visites et rien ne prouve qu'elles seront toujours dans l'intérêt exclusif du malade.

A Saint-Quentin cependant, le système à la visite a été adopté avec succès : par suite d'une convention entre l'association des médecins et les deux principales sociétés de secours mutuels, tous les médecins de la ville sont admis à donner leurs soins aux membres des sociétés à raison de 1 franc la visite, sans aucune rétribution supplémentaire pour les consultations, opérations ou pansements. Mais c'est là une situation tout à fait exceptionnelle, car en général le prix de la visite à domicile est au minimum de 2 francs, et celui de la consultation au cabinet du médecin, de 1 franc, sans compter les opérations, visites de nuit, etc.

Le système à forfait, qui n'est pas très répandu, est le contraire du système à la visite : la société traite avec un ou plusieurs médecins suivant le nombre de ses membres et leur répartition sur le territoire où s'étend la société et donne à chacun d'eux un traitement fixé d'avance. Les sociétés trouvaient à cette pratique un avantage considérable, celui de savoir à l'avance quelle dépense doit leur incomber. Mais, les médecins ont toujours manifesté la plus grande répugnance à l'égard de ce système qu'ils considèrent comme contraire à leur dignité, et les sociétaires, obligés de s'adresser à un médecin désigné d'avance ne sont pas moins mécontents. Aussi, pour essayer d'obvier à ces inconvénients, certaines sociétés ont-elles eu l'idée de voter chaque année une somme fixe qui est distribuée entre tous les médecins qui ont soigné leurs sociétaires, proportionnellement aux visites par eux faites ; de la sorte, plusieurs médecins peuvent participer au service de la société et d'autre part les sociétaires conservent le moyen de faire leur choix. Ce procédé se rapproche un peu de celui qu'emploient certaines des associations qui n'accordent pas le paiement des honoraires médicaux : au lieu d'allouer au sociétaire une indemnité pécuniaire un peu plus élevée pour lui permettre d'y faire face, ces sociétés fixent chaque année, sur l'excédent des recettes, une certaine somme qu'on distribue aux sociétaires qui ont été malades pendant l'exercice précédent au prorata de la durée de la maladie. Séduisant à première vue, ce système a le grave inconvénient de ne pas obliger le sociétaire à payer son médecin, si bien que certaines associations se sont vues forcées de payer deux fois.

Le troisième système, auquel recourent la plupart des sociétés pour l'organisation de leur service médical, porte le nom de système de l'abonnement : il consiste en ce que le médecin reçoit annuellement ou trimestriellement une somme fixe pour chacun des sociétaires qui l'ont choisi comme médecin ; cette somme varie de 2 à 7 francs par an suivant les localités. L'abonnement offre les mêmes avantages que les précédents systèmes, sans en présenter les graves inconvénients. En effet la dépense de la société est fixe comme dans le système à forfait et d'autre part le médecin reçoit des honoraires proportionnels au nombre des malades traités par lui ; enfin le sociétaire peut choisir son médecin, soit parmi tous ceux de la localité, s'il s'agit d'une petite ville, soit sur une liste dressée par la société et contenant un assez grand nombre de noms, dans les grandes villes comme Paris, Lyon, Marseille, Bordeaux, etc.

La conclusion que nous pouvons tirer de ce rapide examen, c'est que pour la généralité des sociétés le système à l'abonnement doit être préconisé comme étant le seul qui puisse donner satisfaction aux desiderata de toutes les parties intéressées, en sauvegardant à la fois la caisse de l'association, le libre choix des sociétaires et la dignité du médecin. Il est le seul enfin qui permette d'étendre à la famille l'assistance du médecin, ainsi que le prévoit l'art. 1er de la loi du 1er avril 1898, car il serait impossible de songer à faire payer à la société toutes les visites faites aux membres de la famille. C'est là une innovation précieuse de la loi destinée croyons-nous à produire les meilleurs effets : moyennant un supplément minime de la cotisation du chef de famille, ses ascendants, sa femme et ses enfants (1)

---

1. Lors de la discussion de l'art. 1er devant la Chambre, M. Gauthier de Clagny demanda que le bénéfice des secours ne s'étendît qu'aux membres de la famille habitant sous le même toit que le sociétaire ; il craignait que sans cette limitation beaucoup de difficultés ne vinssent à se produire. Le rapporteur ayant fait judicieusement observer que c'était aux sociétés à décider dans quelle mesure elles étendraient le bénéfice de l'art. 1er, le texte primitif fut maintenu.

peuvent être appelés à bénéficier de la gratuité des soins médicaux et des médicaments : c'est là un avantage qui nous paraît si considérable qu'à défaut d'autre, nous le trouverions suffisant pour préférer le système de l'abonnement, car la question est de première importance : « Trop attachées à préserver le père comme principal soutien de la famille, la plupart des sociétés ne se sont pas assez préoccupées des femmes et des enfants ; elles ne se sont pas aperçues que l'assurance qu'elles offraient au chef de la famille était incomplète, et laissait subsister à côté de lui une cause permanente de risques et de ruine, dès qu'elle ne comprenait pas sa femme et ses enfants. C'est selon nous, à cette indifférence des sociétés persistant à considérer l'homme marié comme célibataire et à l'isoler de sa famille pour la satisfaction exclusive de ses besoins personnels, qu'est dû le peu de résultat obtenu par la Caisse des retraites » (1).

Nous ne pouvons terminer l'examen de la question médicale sans parler d'un grief élevé par les médecins contre le mode de recrutement des membres des sociétés mutuelles, grief qui nous paraît des plus sérieux et qui de plus se rattache étroitement à notre sujet lui-même qui consiste en définitive à rechercher le degré d'utilité et d'efficacité de

1. Vallée. *De la réforme des sociétés de secours mutuels en faveur de la famille*, Paris 1880.

ces associations en tant qu'organes d'assurance ouvrière contre la maladie. Les sociétés de secours mutuels, malgré la distinction créée par la loi entre les membres honoraires et les membres participants, ne déterminent jamais à quelles conditions, au point de vue de sa situation sociale, un candidat peut être admis dans l'une ou l'autre catégorie. En tout cas, la loi n'a pas favorisé la création des sociétés pour les gens riches ; or, il arrive très souvent que des personnes aisées et notamment de petits rentiers et de petits commerçants se font admettre dans des sociétés de secours mutuels au titre de participants, surtout afin de bénéficier de la gratuité des soins médicaux et des remèdes. C'est là un abus dont se plaignent à bon droit les médecins qui prétendent qu'un tort considérable résulte pour eux de cette situation : en effet, ces personnes qui profitent du tarif réduit des abonnements consentis à la société, auraient le moyen de payer au taux ordinaire les visites du médecin. La constatation de ce juste grief nous invite à conclure avec la majorité des mutualistes, qu'une société de secours mutuels « dont la cotisation mensuelle n'est pas supérieure à deux francs, devrait être essentiellement ouvrière et, à ce titre, n'admettre que des personnes peu aisées (1) pour lesquelles la mutualité est un ap-

1. Vallée, *loc. cit.*

pui indispensable ». Il est loin d'en être ainsi actuellement.

Nous venons de voir à quelles causes principales devait être attribuée la difficulté d'une organisation convenable du service médical dans les sociétés de secours mutuels, mais nous avons fait cette constatation rassurante que le taux moyen des honoraires médicaux n'avait pas sensiblement varié pendant ces dernières années, ce qui paraît indiquer une situation stable. Avant d'étudier le fonctionnement du service pharmaceutique, notons rapidement quelques progrès réalisés par les sociétés, progrès qui font grand honneur aux mutualistes qui les ont inspirés.

Un assez grand nombre de sociétés, surtout dans les grandes villes, possèdent un service médical absolument complet ; en dehors des médecins ordinaires, ces associations ont attaché à leur service des médecins spécialistes, des sages-femmes, des chirurgiens-dentistes ; elles ont organisé un service médical de nuit qui permet au sociétaire, en cas d'urgence, de recourir à toute heure aux soins de l'homme de l'art. Enfin, à Nantes, Angers et Bordeaux (1), des dispensaires ont été créés, dans lesquels les mutualistes trouvent tous les objets nécessaires aux pansements, des bandages, des ceintures,

---

1. Nous ne connaissons pas d'autres dispensaires mutualistes fonctionnant en France.

des instruments de chirurgie; on y distribue même du linge de corps, des draps, des serviettes et tous les articles de literie. A Nantes, un office de consultation est annexé au dispensaire; depuis sa fondation, en 1890, ce service a traité une moyenne de cinquante malades par jour. Il n'est point nécessaire d'insister sur l'utilité de semblables œuvres.

En dehors des grands services qu'ils sont appelés à rendre directement, les dispensaires ont cet heureux effet de permettre aux sociétés de prendre plus facilement à leur charge les opérations chirurgicales qui ne sont point comprises en général dans les soins médicaux payés par l'association et qui restent à la charge du sociétaire. La raison principale de cette abstention de la part des sociétés, c'est que les opérations chirurgicales nécessitent le plus souvent le concours de plusieurs médecins et l'emploi d'appareils et d'instruments spéciaux ; de plus, les soins consécutifs sont longs et dispendieux ; il en résulte qu'avec leurs modiques ressources, la plupart des sociétés sont actuellement hors d'état de faire face à des dépenses aussi élevées. Souvent aussi le malade peut manquer du linge et des objets de literie indispensables pour la bonne conduite de l'opération ; des gardes-malades peuvent être également nécessaires. Lorsque les dispensaires se seront multipliés, ce que peut au moins faire espérer la grande liberté d'action accordée aux sociétés par la nouvelle loi, ces difficultés seront résolues et la mutualité aura réalisé un grand progrès.

Une autre question se greffe sur la précédente; c'est celle de l'admission des mutualistes dans les hôpitaux : bien que les sociétés aient pour but essentiel de soigner dans la famille le sociétaire malade, il peut être parfois indispensable de recourir à l'hôpital, notamment lorsque le sociétaire est seul, sans parents, ou lorsqu'il est atteint d'une maladie contagieuse (1).

Or, étant donné l'utilité incontestable des sociétés de secours mutuels qui degrèvent dans une proportion déjà considérable les services de l'assistance publique, il serait à souhaiter qu'une entente pût s'établir pour que les mutualistes fussent admis dans les hôpitaux, soit gratuitement, soit au moins à des conditions très favorables. Sans doute, à l'heure actuelle une décision de principe n'est pas possible; tout dépend de la situation financière de l'établissement hospitalier ; mais il est à désirer que sur ce point des accords particuliers se fassent, basés sur des concessions réciproques.

Certains mutualistes, pour trancher la question, préconisent la création de maisons de retraite destinées à donner asile aux sociétaires vieux ou infirmes. Nous n'hésitons pas à penser qu'actuellement

1. En Allemagne, le traitement à l'hôpital existe dans ces ces deux cas.

au moins un semblable projet est irréalisable ; la mutualité française a d'autres buts plus immédiats à atteindre, avant de poursuivre la réalisation de cette idée. Il ne faut pas s'occuper du couronnement de l'édifice avant d'avoir solidement établi les fondations, et ce n'est point au moment où les sociétés de secours mutuels arrivent à peine à donner des résultats appréciables pour le traitement de leurs malades qu'on peut voir s'exécuter de pareilles entreprises. Espérons seulement qu'on puisse un jour y songer plus sérieusement!

§ II.— Service pharmaceutique

C'est ici qu'apparaissent les plus grandes difficultés, mais nous allons voir dès l'examen des résultats fournis par la statistique sur les sociétés de secours mutuels approuvées qu'elles sont heureusement en voie d'atténuation. En 1899, les frais pharmaceutiques se sont élevés dans les sociétés approuvées à la somme de 3.185.746 francs pour les hommes et à 742.315 francs pour les femmes, soit au total 3,928.061 francs.

Les associations qui ont assuré cette dépense sont seulement au nombre de 6.558, soit 73 p. cent du nombre total des sociétés assurant au moins un des secours de maladie. Cette proportion relativement faible révèle à elle seule que beaucoup de sociétés ont reculé devant les difficultés d'organisation du service pharmaceutique.

La dépense de l'année 1899 s'est appliquée à 280,921 malades (240 885 hommes et 40.036 femmes) ce qui fait ressortir pour chaque malade une dépense pharmaceutique moyenne de 13 fr. 98, (homme 13 fr. 23, femme 18,54).

Répartie sur un total de 839,403 membres participants (soit 726.375 hommes et 113.028 femmes), les 3.928.061 francs dépensés en 1899 représentent pour chaque membre une moyenne de 4 fr. 68 (homme 4 fr. 38. femme 6,56).

Nous croyons devoir indiquer ci-dessous le détail des dépenses pour chaque catégorie d'associations :

CATÉGORIES de sociétés	MONTANT des frais pharmaceutiques		NOMBRE				MOYENNES des frais pharmaceutiq.			
			de malades		des membres participants		par malade		par memb. participant	
	hommes	femmes	hommes	femmes	hommes	femmes	hommes	femmes	hommes	femmes
Sociétés d'hommes..........	2.011.850	»	157.185	»	471.555	»	12 80	»	4 26	»
Sociétés d'hommes et de femmes..........	1.173.895	590.166	83.700	30.514	254.820	83.220	14 01	19 34	4 60	7 09
Sociétés de femmes..........	»	152.148	»	9.522	»	29.808	»	15 97	»	5 10
	3.185.785	742.315	240.855	40.036	726.375	113.028	13 23	18 54	4 38	6 56
Ensemble	3.928.060		280.921		839.403		13 98		4 68	

Une remarque qui nous frappe a la lecture de ce tableau, c'est la moyenne beaucoup plus élevée des frais pharmaceutiques pour les femmes dans les sociétés composées de sociétaires des deux sexes ; malgré nos recherches nous n'avons pu arriver à une explication satisfaisante de cette anomalie.

Pour bien montrer les différences qui se sont produites dans les dépenses des sociétés en ce qui concerne les frais pharmaceutiques, nous donnons dans le tableau ci-dessous le résultat des dix dernières années :

Années	MONTANT des frais pharmaceutiques	MOYENNE PAR MALADE			MOYENNE par MEMBRE PARTICIPANT		
		hommes	femmes	ensemble	hommes	femmes	ensemble
1890....	3.462.898	11 48	13 82	11 84	4 21	4 85	4 31
1891....	3.328.976	12 07	13 45	12 29	3 97	4 62	4 07
1892....	3.344.429	11 67	13 12	11 91	3 88	4 45	3 97
1893....	3.338.498	11 41	12 41	11 57	3 79	4 30	3 87
1894....	3.399.396	11 54	12 75	11 74	3 74	4 45	3 85
1895....	3.593.598	14 04	16 83	14 47	4 89	6 13	5 08
1896.....	3.518.951	14 77	17 46	15 22	4 62	6 11	4 85
1897....	3.743.207	14 53	18 87	15 21	4 78	6 73	5 07
1898....	3.956.967	13 93	18 06	14 57	4 68	6 82	4 97
1899....	3.928.061	13 23	18 54	13 98	4 38	6 56	4 68

Il est facile de constater pendant cette période un

double mouvement de hausse et de baisse dont il nous serait bien peu aisé d'ailleurs de donner les causes exactes : en 1890 et 1891, nous voyons apparaître des moyennes assez élevées, puis une légère diminution se produit qui à son tour fait place pour l'année 1895 à une augmentation considérable. Ensuite une nouvelle baisse progressive nous ramène en 1899, à un taux à peu près égal à celui de l'année 1890. Ajoutons que la moyenne des frais de médicament qui en 1870 n'était que de 0 fr. 51 par journée de maladie s'élève en 1809 à 0 fr. 80 environ soit un tiers de plus.

Cette irrégularité, dans le montant de la dépense pharmaceutique suffit déjà à montrer la difficulté de la question, car les écarts qui se produisent peuvent être assez considérables pour déjouer les prévisions et compromettre dans une certaine mesure l'équilibre financier des sociétés. Cherchons donc à dégager les causes principales de cette situation.

Les difficultés sont de deux ordres différents : les unes sont analogues celles à que nous avons déjà exposées pour l'organisation du service médical ; d'autres au contraire sont tout à fait spéciales. Disons d'abord un mot de celles-ci, afin de réserver une place plus grande aux premières qui méritent une attention toute particulière.

Les sociétés se plaignent fréquemment d'être en-

traînées à un surcroît de dépenses pharmaceutiques par suite de la prescription de médicaments
de luxe ou de spécialités. Or, souvent on peut sans
risquer de compromettre en rien la guérison rapide
des malades supprimer complètement toutes les
spécialités pharmaceutiques. Au point de vue thé-
rapeutique, que nous ne saurions discuter, beaucoup
de médecins estiment que les spécialités sont plus
nuisibles qu'utiles ; au point de vue pécuniaire, il
est bien certain que ces produits dont le prix est
toujours élevé grèvent d'une façon excessive la
caisse de la société. Il en est de même des médicaments dits de luxe, par exemple les eaux minérales,
sauf lorsqu'elles sont indispensables au traitement de
la maladie au lieu d'être seulement utiles à l'observation d'un régime, ce qui est le cas le plus fréquent.

Aussi est-ce avec raison que des circulaires
ministérielles et notamment celle du 5 avril 1891,
conseillèrent aux sociétés de proscrire l'usage des
spécialités. « C'est le plus souvent aux sollicitations
des sociétaires malades, à leur oubli de l'intérêt général lorsque leur intérêt personnel est en jeu,
que sont dus les abus dans la délivrance des médicaments. Il est bien difficile d'espérer détruire cette
tendance fâcheuse, qui devrait cependant disparaître devant la notion exacte et la pratique de plus en
plus répandue de la mutualité. Il faut l'essayer
toutefois, en ne cessant de rappeler aux sociétaires

qu'en adhérant à une société de secours mutuels ils contractent l'engagement, non seulement de ne pas nuire à l'intérêt commun, mais aussi de contribuer personnellement à la prospérité collective. L'intérêt de la société et l'intérêt personnel des participants sont d'ailleurs plus intimement liés qu'on ne pourrait le supposer à première vue. Les droits particuliers des adhérents sont garantis par les ressources collectives : en les diminuant, les sociétaires diminuent d'autant leur gage et compromettent l'exécution des engagements sociaux à leur égard (1) ». Peut-être est-ce à ce langage fort sensé qu'est due la diminution que nous avons constatée dans les moyennes des années 1892, 1893 et 1894 ; en tout cas les sociétaires n'ont pas fait preuve d'une sagesse bien durable puisque dès 1895 la hausse se produisait dépassant de beaucoup les chiffres de 1891.

Mais si ces premières difficultés sont sérieuses, celles qui tiennent aux relations entre les sociétés et les pharmaciens sont bien autrement graves.

Discutée depuis vingt ans, la question n'a pas encore reçu à l'heure actuelle une solution uniforme et satisfaisante : il nous faut donc examiner les principaux systèmes qui constituent un *modus vivendi* entre les pharmaciens et les sociétés mutuel-

1. Circulaire adressée le 5 avril 1891 par M. le ministre de l'Intérieur aux présidents des sociétés de secours mutuels.

les. Nous en signalerons quatre : 1° système des sociétés desservies au tarif ; 2° syndicats partiels de pharmaciens fournissant des groupes de sociétés ; 3° système de l'abonnement ; 4° pharmacies mutualistes.

Nous ne dirons que quelques mots des deux premières méthodes qui ne constituent qu'un pis aller et dont la disparition s'accentue d'ailleurs de plus en plus au profit des deux autres. En ce qui concerne le premier système, celui du service au tarif, s'il n'existe dans la commune qu'un seul pharmacien, les sociétés se trouvent à sa merci ; si un second vient s'y établir, la concurrence permettra aux sociétés d'imposer leurs conditions, à moins que les pharmaciens ne se syndiquent.

Il peut arriver également dans les localités d'une certaine importance, et c'est là la seconde méthode, qu'un groupe de pharmaciens syndiqués offre un tarif spécial à un groupe de sociétés également syndiquées. En théorie le système paraît présenter de grands avantages pour les sociétés puisqu'elles obtiennent une réduction sur les tarifs ordinaires ; mais en fait celles qui y ont recouru n'y ont guère gagné, lorsqu'elles n'y ont point perdu, notamment parce que, liées à un tarif fixe et conventionnel, elles n'ont pu profiter des réductions considérables qui se sont produites dans les prix de vente d'un grand nombre de médicaments depuis ces dernières

années. A Bordeaux notamment, la résistance opiniâtre du syndicat pharmaceutique entraîna, en
1895, la fondation du comité pharmaceutique, sous
les auspices du syndicat girondin des sociétés de
secours mutuels, qui consentit des réductions assez
importantes sur les anciens tarifs, lesquels remon-
taient à 1859. A Lyon, les pharmaciens faisant partie du syndicat des pharmaciens de Lyon et du
Rhône, se sont engagés à fournir aux sociétés des
médicaments de première qualité et à les coter suivant le tarif spécial adopté par le Bureau de bienfaisance avec une réduction de 6 0/0 représentant
les frais de contrôle et de trésorerie; la ville est
divisée en 15 sections, comme pour le service médical. A Toulouse, les pharmaciens et les mutualistes n'ont pu réussir à s'entendre et la situation est
intolérable. Aussi n'hésitons-nous pas à rejeter complètement cette méthode partout où il est possible
de lui substituer l'un des deux systèmes que nous
allons examiner.

En premier lieu, les sociétés peuvent contracter
un abonnement avec un ou plusieurs pharmaciens
suivant un prix fixé à l'avance par tête de sociétaire,
comme nous l'avons vu pour le service médical. Ce
système comporte lui-même plusieurs variantes; il
nous semble intéressant de faire connaître les principales, que nous désignerons par le nom des villes
où elles sont en usage.

1° *Système de Saint-Etienne.* — Un traité a été passé entre l'Union des sociétés de secours mutuels de la Loire, et un pharmacien de Saint-Etienne : ce dernier s'engage, moyennant le prix d'un abonnement, à fournir aux sociétaires et aux membres de leur famille les médicaments au prix coûtant. C'est une commission qui fait les achats.

Le prix de l'abonnement est de 2 fr. 50 par sociétaire et par an au-dessous de 2.000 abonnés ; 2 fr. 40 de 2.000 à 3.000 ; passé ce chiffre on prélève 5 0/0 sur le produit des abonnements au-delà de 3.000, et cette somme est affectée à une œuvre désignée par l'Union. Les prix que nous venons d'indiquer sont ceux de l'abonnement pour une famille. Lorsque la société ne fait pas participer la famille aux avantages de l'abonnement, le prix descend à 1 fr. 80 par sociétaire et par an. D'après les renseignements qui ont été publiés, l'économie réalisée serait de 40 0/0 sur les frais pharmaceutiques précédemment payés par les sociétés adhérentes à l'Union.

2° *Système de Toulon.* — Les sociétés toulonnaises ont constitué une union pharmaceutique, à laquelle les sociétaires paient un abonnement annuel de 3 francs. Si la famille est admise à profiter du service, chaque membre âgé de plus de 18 ans paie 4 francs par an ; au-dessous de cet âge et à partir de deux ans seulement, l'abonnement est de 2 francs.

La principale différence avec le système de Saint-
Etienne, c'est qu'ici l'Union sert d'intermédiaire
entre la société et le pharmacien. Elle se charge de
payer les dépenses, de vérifier les ordonnances et
de surveiller le prix des remèdes. Après quelques
déceptions qui lui ont nécessité une légère élévation
du prix de l'abonnement, le système paraît donner
de bons résultats. Les organisateurs affirment
qu'une économie de 80 à 100 p. cent est réalisée
sur les prix usuels des pharmacies de la ville.

3° *Système d'Angers.* — La situation qui existe à
Angers a une origine tout à fait particulière ; les so-
sociétés de la ville eurent l'idée de s'adresser à un
pharmacien qui se trouvait sans clientèle et de lui
proposer la leur. Un accord intervint, sous réserve
que les sociétés s'engageraient à fournir au pharmacien une clientèle d'au moins 3.000 sociétaires.
Comme bien on pense, cette combinaison ne faisait
pas l'affaire des autres praticiens de la ville, qui
tentèrent vainement l'impossible pour la désorga-
niser. Depuis 1890 que ce système est en vigueur, le
pharmacien a 4.000 clients qui lui paient un abonnement de 2 francs par an, et sa clientèle ordinaire
a d'autre part beaucoup augmenté (1). En dehors
du sociétaire, sa femme et ses enfants peuvent
s'abonner aux mêmes conditions sous sa garantie

1. Renseignements fournis par le Président du Syndicat
consultatif d'Angers.

personnelle, et moyennant un certificat de médecin constatant leur état de santé. De leur côté, les sociétés ont, paraît-il, trouvé un bénéfice considérable dans cette nouvelle manière de procéder.

D'une façon générale, le système de l'adjudication (car les conventions intervenues entre pharmaciens et sociétés à Toulon, à Saint-Etienne ou à Angers, ne constituent pas autre chose) paraît donc fonctionner dans des conditions avantageuses. Sans doute, il est bien difficile de discerner la meilleure méthode car il y a en cause trop d'éléments particuliers à chaque ville et même à chaque organisation mutualiste pour qu'une solution générale soit possible, mais il nous semble que le procédé le plus simple et en même temps le plus sûr pour les sociétés, c'est de calculer comme à Saint-Etienne le coût des médicaments sur le prix de revient. De la sorte, on arrive à assurer au pharmacien un bénéfice suffisant mais point excessif et la société y trouve une grande économie.

Il n'est pas besoin de chercher bien loin une confirmation des avantages du système : les prix d'abonnements par sociétaire et par an que nous venons de signaler varient entre 3 et 2 francs ; or le plus élevé de ces chiffres est encore sensiblement inférieur à la moyenne actuelle des frais pharmaceutiques pour chaque membre participant qui, nous l'avons vu, est en 1899 de 4 fr. 68 dans l'ensemble des sociétés approuvées.

De plus, au moyen d'une légère augmentation du prix de l'abonnement, comme à Saint-Etienne, ou d'un abonnement spécial dont le prix n'est jamais plus élevé que celui des sociétaires, les membres de leur famille peuvent profiter des mêmes avantages.

Nous nous arrêterions donc définitivement à ce système, s'il n'existait pas un dernier moyen pour les sociétés d'améliorer les conditions de leur service pharmaceutique : nous voulons parler de la création de pharmacies mutualistes, dont les sociétés sont propriétaires.

A l'étranger, la création des pharmacies coopératives est déjà relativement ancienne. La première, fondée à Bruxelles en 1863, acquit bien vite une situation des plus florissantes, ainsi qu'en témoignent les lignes suivantes (1) : « L'augmentation constante du prix des médicaments, leur qualité souvent très inférieure, ont donné naissance à une fédération libre des sociétés de secours mutuels de Bruxelles et de ses faubourgs. Ces pharmacies ont acquis tout de suite, avec un très faible apport pour leur constitution, des résultats merveilleux. L'œuvre a pris une grande extension. Plus de six officines dont la valeur augmente de jour en jour ont été créées en quelques années, et n'ont coûté, comme

---

1. Ces lignes sont extraites d'un rapport de M. Puteaux, présenté au IVᵉ Congrès national de la mutualité en 1892.

constitution de capital, que la modeste somme de 1 fr. 50 par membre fédéré. On a même fondé à Bruxelles un magasin central des plus importants, dont l'approvisionnement, grâce à la quantité des produits employés dans les diverses officines se fait à des conditions exceptionnelles, assurant des bénéfices importants aux membres associés, lesdits bénéfices répartis annuellement entre chaque société mutuelle adhérente, au prorata de l'importance de ses factures ». En fait, les dépenses pharmaceutiques se trouvent réduites d'environ 75 0/0, ce qui est énorme. L'exemple de Bruxelles fut bientôt suivi dans toute la Belgique et des pharmacies coopératives s'établirent à Gand, Verviers, Liège, Anvers, etc. De la Belgique, l'idée passa en Suisse et en 1891, la première pharmacie coopérative, établie par l'association de 40 sociétés de secours mutuels en cas de maladie, s'installait à Genève.

Cette institution nouvelle qui semble avoir si bien réussi à l'étranger, paraît à première vue pouvoir donner en France d'aussi heureux résultats, et nous rencontrons d'ailleurs dans plusieurs de nos grandes villes des pharmacies spéciales aux sociétés de secours mutuels ; mais leur organisation a été fort difficile et leur action est forcément limitée, à cause des textes rigoureux qui règlent l'exercice de la pharmacie (1). Aux termes de l'ordonnance royale

1. En outre, d'autres textes s'opposent à l'extension des

du 25 avril 1777 et de la loi du 21 germinal an XI, une pharmacie ne peut être ouverte qu'à une double condition : 1° que le pharmacien soit muni d'un diplôme régulier ; 2° qu'il soit propriétaire de l'officine. La violation de ces deux prescriptions entraîne des poursuites correctionnelles. Aussi lorsqu'en 1878 les sociétés de secours mutuels de Grenoble (1) fondèrent pour leur usage une pharmacie dont elles avaient confié la direction à un pharmacien diplômé, qui, moyennant des appointements fixes, préparait et délivrait aux membres des sociétés unies les médicaments prescrits par les ordonnances médicales, les pharmaciens de la ville n'hésitèrent pas à intenter des poursuites à la fois contre le gérant de l'officine et contre le président de l'Union des sociétés. L'espèce était absolument nouvelle ; par jugement du 27 mai 1879, le tribunal de Grenoble déboutait les pharmaciens de leur demande; le 21 août 1879, la Cour d'appel de Grenoble confirmait ce jugement. Enfin, sur un pourvoi formé par les pharmaciens poursuivants, la Cour de cassation, par arrêt de la chambre criminelle du

pharmacies coopératives, ce sont ceux qui concernent les sociétés coopératives, afin d'assurer le caractère non commercial des opérations et de les soustraire aux impositions fiscales et à la compétence commerciale.

1. Nous empruntons les détails qui vont suivre à une intéressante brochure de M. Boiron, pharmacien, directeur de la pharmacie mutualiste de Grenoble.

17 juin 1880, consacrait définitivement la jurisprudence en déclarant, comme l'avaient fait le tribunal et la Cour de Grenoble « qu'une pharmacie achetée par une société de secours mutuels, pour son usage exclusif, où il est constant que le public étranger à la société n'est pas admis et où les médicaments ne sont livrés qu'aux membres de l'association, lesquels sont en même temps les co-propriétaires de la pharmacie, ne constitue pas une officine ouverte dans le sens de la législation sur la matière. Le président de la société à laquelle appartient l'officine et le pharmacien diplômé qui la gère ne commettent donc aucune infraction aux textes précités ».

Le droit est donc désormais reconnu aux sociétés de secours mutuels de devenir propriétaires d'une pharmacie à la condition qu'elle soit gérée par un pharmacien diplômé et que seuls les mutualistes et leur famille puissent s'y faire délivrer des médicaments. C'est le maintien inévitable de cette dernière condition qui ne permettra pas à ces utiles institutions d'atteindre au succès prodigieux des pharmacies coopératives étrangères ; c'est même ce qui en empêchera souvent la création, car les frais d'installation sont considérables et constituent une charge très lourde pour un nombre souvent trop restreint d'adhérents.

Aussi existe-t-il en France fort peu de pharmaciens mutualistes. En dehors de Marseille qui en possède

deux, nous n'en trouvons de vraiment organisées qu'à
Grenoble et à Limoges. La première pharmacie spéciale des sociétés de secours mutuels de Marseille a
été créée en 1865. Les frais d'établissement ont nécessité une dépense de onze mille francs faite par les
premières sociétés unies comprenant 2215 sociétaires.
La mise de fonds était représentée par un versement
de 1 franc par sociétaire et par le paiement anticipé
du premier semestre de leur abonnement au taux
de 7 francs par an. Dès que le capital de réserve a été
constitué les sociétés bénéficièrent des économies
réalisées sur le prix des médicaments et purent bientôt abaisser le chiffre de l'abonnement qui n'est plus
aujourd'hui que de 4 fr. 50 par an. Le capital de la
pharmacie dépasse 100.000 francs ; elle est donc en
pleine prospérité.

Plus récemment, la société des commis et employés
de la ville de Marseille a créé une officine mutualiste,
qui moyennant une cotisation unique de 0 fr. 90 par
mois délivre gratuitement les médicaments aux sociétaires et aux membres de la famille habitant sous le
même toit. La création de la pharmacie a occasionné
une mise de fond de 12.000 francs, dont l'amortisse-
ment se fait d'une façon assez ingénieuse, en débi-
tant de 10 pour cent le compte des marchandises de
la pharmacie et en créditant ces 10 pour cent sur les
factures et les recettes. Cette seconde pharmacie
s'est vu intenter un procès par le syndicat des

pharmaciens des Bouches-du-Rhône qui se prétendait lésé dans ses intérêts, surtout à cause de la fourniture des médicaments aux membres de la famille des sociétés. Comme dans le procès de Grenoble, les pharmaciens succombèrent au premier et au second degré ; la Cour de Cassation devant laquelle ils se sont pourvus n'a pas encore rendu son arrêt.

A Grenoble, la pharmacie centrale des sociétés de secours mutuels fut installée le 1er octobre 1878, à la suite d'un accord avec un pharmacien de la ville qui proposa à l'Union des sociétés de lui vendre son officine pour le prix de 15.000 francs en devenant gérant pour le compte des sociétés. Après trois ans d'essai, l'Union avait le droit de remettre les choses en l'état. En dehors du prix d'acquisition déjà très élevé, les frais d'installation atteignirent 7.540 francs soit au total 22 540 francs. Les trois ans d'essai terminés, la commission administrative constatait une économie de 23 0/0 sur la dépense antérieure des neuf sociétés syndiquées. La réussite était donc complète (1) et d'autant plus remarquable que les pharmaciens de la ville s'étaient acharnés à détruire l'œuvre difficilement commencée; nous avons vu qu'ils n'avaient abouti qu'à faire reconnaître par la Cour suprême son existence légale.

1. Il faut remarquer toutefois que la pharmacie ne délivre des médicaments qu'aux seuls sociétaires et non à leur famille.

La pharmacie mutualiste la plus récemment fondée est celle de Limoges, à laquelle ont servi de modèle les deux pharmacies marseillaises. Les organisateurs prirent à tâche de réfuter à l'avance toutes les objections qu'on pouvait leur opposer. « Savez-vous, leur disait-on notamment, si les conditions hygiéniques de la population ouvrière de Limoges sont semblables à celle de la même population à Marseille ? Le nombre des malades sera peut-être plus grand, les maladies plus longues, et par suite les dépenses pharmaceutiques beaucoup plus élevées. A cela les organisateurs répondaient qu'en prenant comme terme de comparaison les chiffres fournis par le bureau de bienfaisance de la ville où la dépense en médicaments est de 3 fr. 36 par famille, on ne risquait guère de se tromper, et qu'en allant même jusqu'à 3 fr. 50, on dépassait les prévisions possibles, car les conditions hygiéniques moyennes de la population étaient certainement supérieures à celles des familles assistées par le bureau de bienfaisance. La pharmacie mutualiste fut donc créée et ce qui prouve qu'elle est appelée à donner des résultats, c'est qu'elle a déjà eu à subir de la part des pharmaciens de la Haute-Vienne un procès qu'elle a d'ailleurs complètement gagné.

Pour résumer nos observations sur les conditions d'organisation du service pharmaceutique dans les sociétés de secours mutuels, nous pensons que malgré leurs inévitables imperfections, les pharmacies mutualistes seront dans l'avenir la forme la plus heureuse de cette organisation. Dans les localités où la création d'une pharmacie pourrait présenter trop de difficultés nous préconiserons le système de l'abonnement tel qu'il existe à Saint-Etienne ou à Angers.

Ce qui nous incite surtout à croire à l'extension des pharmacies mutualistes c'est la faculté accordée par la loi du 1er avril 1898 aux sociétés de former librement des unions; avec la pratique de plus en plus répandue de la mutualité, ces unions peuvent être appelées à jouer un rôle considérable, notamment à propos de la question qui nous occupe et nous ne saurions trop souhaiter qu'elles y parviennent. C'est en effet d'une entente entre toutes les sociétés d'une même ville que peut résulter la création d'une pharmacie mutualiste dans les meilleures conditions possibles, car plus le nombre des adhérents est considérable, moins les frais d'établissements sont onéreux. Enfin, ce qui nous semble un argument fort intéressant en faveur de ces institutions, c'est qu'à cause de l'économie considérable qu'elles font réaliser aux sociétés, elles leur permettent, moyennant un modique supplément de cotisation d'assurer à la famille du sociétaire la délivrance des médicaments.

En terminant, nous voulons signaler l'objection

qu'on a opposée à la création d'une pharmacie mutualiste dans les très grandes villes comprenant des faubourgs éloignés du centre, ce qui rend fort difficile l'exécution rapide des ordonnances ou la délivrance des médicaments. On s'est demandé si la pharmacie mutualiste ne pourrait pas posséder plusieurs dépôts gérés par des aides-pharmaciens, où seraient remises aux sociétaires les préparations exécutées par le pharmacien à l'officine centrale. Par un arrêt de juillet 1900 la Cour de cassation a résolu la question dans le sens de l'affirmative en décidant que le pharmacien établi dans une commune, qui a dans une autre commune un bureau de correspondance où ses clients peuvent déposer leurs ordonnances et venir prendre ensuite les médicaments à eux destinés, lesquels ne sont pas préparés sur place, mais envoyés du siège même de la pharmacie, ne commet aucun délit. Il en est de même des commis qu'il affecte à ce service.

On se rend compte aisément que cette décision supprime un des plus sérieux obstacles à l'établissement d'une pharmacie mutualiste dans les grands centres où elles n'existent pas encore, comme Lyon, Bordeaux, Toulouse, Rouen, etc., et même Paris.

CHAPITRE VI

ÉTUDE DE TROIS SOCIÉTÉS DE SECOURS MUTUELS PRISES COMME TYPE. 1° SOCIÉTÉ MUNICIPALE DE SECOURS MUTUELS DU IXe ARRONDISSEMENT A PARIS ; 2° SOCIÉTÉ DE SECOURS MUTUELS DITE L'ÉMULATION CHRÉTIENNE A ROUEN ; 3° SOCIÉTÉ DE SECOURS MUTUELS DES OUVRIERS EN SOIE DE LA VILLE DE LYON.

Il faut se défier des chiffres trop généraux ; sans doute les statistiques d'ensemble et les moyennes qui en découlent sont utiles et nous n'avons pas hésité à en faire usage, mais il est permis de se demander si, pour arriver à une appréciation juste, — car c'est là avant tout ce qui nous préoccupe — il n'est pas nécessaire de faire figurer à la suite des résultats généraux l'étude de quelques organes particuliers.

Il existe en effet une foule de différences entre des sociétés de secours mutuels, toutes instituées, il est vrai, en vertu de la même législation, mais soumises chacune à une foule d'influences particulières

suivant le milieu où elles exercent leur action. Nous
verrons plus loin combien sont trompeurs les chiffres généraux concernant les dépenses de maladie,
étant donné les différences considérables qui existent entre les divers départements. Eh bien ! ces
écarts se produisent évidemment sur tous les chiffres, qu'il s'agisse du montant ou de la composition
des recettes et des dépenses, du chiffre de la cotisation ou de l'indemnité pécuniaire, on peut constater d'un département à un autre ou même d'une
société à une autre des variations parfois très appréciables.

Aussi avons-nous choisi trois sociétés prises dans
des milieux absolument différents pour en faire une
étude particulière : une société parisienne, la société
municipale du IXe arrondissement ; une société de
province, l'Emulation chrétienne de Rouen et enfin
une association proprement ouvrière, la société des
ouvriers en soie de la ville de Lyon (1). Pour ne pas
sortir des limites de notre sujet, nous nous contentons d'ailleurs après quelques très brèves notions
générales sur chacune d'elles, d'indiquer les conditions dans lesquelles elles pratiquent l'assurance
contre la maladie. Nous aurions voulu terminer par l'é-

1. Tous les renseignements et les chiffres qui vont suivre
sont empruntés à des notices publiées par chacune de ces trois
sociétés en 1900 et 1901 et destinées à montrer leurs progrès.

tude d'une société agricole, mais nous n'en avons pas trouvé qui soient suffisamment bien organisées pour mériter une mention spéciale.

1° *Société municipale de secours mutuels du IXe arrondissement de Paris*

La société municipale du IX.e arrondissement a été créée en juillet 1852 et elle a reçu l'approbation le 30 décembre de la même année ; c'est une des plus anciennes sociétés municipales de Paris ; la plupart en effet ne remontent guère au-delà de 1880. Constituée sous le patronage de la municipalité, elle recrute ses membres sur tout le territoire de l'arrondissement sans distinction de sexe ni de profession ; toutefois les femmes mariées ne peuvent être admises que si leur mari fait déjà partie de la société, à moins quelles ne veuillent acquitter la cotisation fixée pour les hommes, qui est plus élevée.

De 16 à 50 ans, les hommes et les femmes sont admis dans la société après avis favorable de la commission médicale ; c'est là une sage précaution que nous voudrions voir adopter dans toutes les sociétés et qui tend d'ailleurs à se généraliser. Tous les sociétaires paient une cotisation et un droit d'entrée qui est proportionnel à leur âge. Voici quel en est le montant (V. tableau suivant) :

Après un stage de trois mois, les sociétaires ont

AGE D'ENTRÉE	DROIT d'entrée	COTISATION mensuelle	
	hommes et femmes	hommes	femmes
Admission de 16 à 30 ans...	6ᶠ	2ᶠ50	1ᶠ50
— de 30 à 40 — ...	9	2 75	1 75
— de 40 à 50 — ...	15	5	5

droit aux soins du médecin et aux médicaments ; de plus, si la maladie dure plus de trois jours, ils reçoivent une indemnité qui varie dans les proportions suivantes :

$$
\begin{array}{ll}
\text{1}^{\text{re}}\text{ période, de 60 jours} & \left\{ \begin{array}{l} \text{hommes } \mathbf{2} \text{ francs} \\ \text{femmes } 1 \text{ franc} \end{array} \right. \\
\text{2}^{\text{e}}\text{ période, de 60 jours} & \left\{ \begin{array}{l} \text{hommes } 1 \text{ fr. } 50 \\ \text{femmes } 0 \text{ fr. } 75 \end{array} \right. \\
\text{3}^{\text{e}}\text{ période, de 40 jours} &
\end{array}
$$

Les secours de chômage sont donc accordés pendant une durée de 160 jours, soit plus de cinq mois. En outre, des secours peuvent être alloués par le bureau lorsque le sociétaire est atteint d'une affection chronique. Les convalescents sont envoyés aux frais de la société aux asiles nationaux de Vincennes et du Vésinet.

En dehors de ces avantages déjà considérables et sans aucune augmentation de la cotisation, la société assure :

1° Des secours particuliers aux femmes en couches avec assistance d'une sage-femme ;

2° Des secours aux veuves et aux orphelins ;

3° Des récompenses aux enfants laborieux qui sont patronnés par la société pendant leur apprentissage ;

4° Des pensions de retraite aux vieillards à partir de 60 ans, après 25 ans de stage ;

5° Des funérailles convenables avec la concession d'une fosse temporaire.

Il est impossible de concevoir qu'une société puisse atteindre utilement les buts multiples qu'elle se propose avec une cotisation aussi modique ; mais la société du IXe arrondissement se trouve dans une situation tout à fait exceptionnelle ; il n'existe en effet, même à Paris, aucune société de secours mutuels qui possède un nombre aussi grand de membres honoraires par rapport à celui de ses membres participants. En 1900, son effectif était de 715 membres honoraires et 1.296 membres participants, ce qui représente plus d'un membre honoraire pour deux membres participants, alors que la moyenne générale dans les sociétés approuvées est de 30 membres honoraires et de 148 participants, soit environ un membre honoraire pour cinq membres participants.

Le tableau ci-dessous qui indique les recettes effectuées par la société municipale du IXe arrondissement pendant l'année 1900 montrera clairement l'influence des membres honoraires sur la prospérité générale de l'association.

Recettes 1900

Membres honoraires. Cotisations.	17.210,20	19.510,20
Dons divers	2.300	
Membres participants. Cotisations.	26.188,75	
Droits d'admission.	308	
Cotisations pour secours de veuves.	566	
Amendes	114,50	28.377,85
Abonnement médical	672,50	
Remboursement par les sociétés étrangères.	528,10	
Subventions de l'Etat		4.074
Fonds prescrits des Caisses d'épargne . . .		136
Intérêts des fonds placés.		22.810,62
		80.908,67

Ainsi les cotisations des membres honoraires représentent presque 25 p. 100 du total des recettes, et si on y ajoute les intérêts des fonds placés on obtient 52 p. 100 de ce total, tandis que les cotisations des membres participants n'y figurent que pour 35 p. 100. Or, si nous comparons ces chiffres à la moyenne générale des sociétés approuvées pendant l'année 1899, nous trouverons des différences considérables ; en effet, les cotisations des membres honoraires ne représentent dans l'ensemble de ces associations que 8,80 p. 100 des recettes, tandis que les cotisations des participants y figurent pour 61 p. 100. Enfin l'intérêt des capitaux placés a une importance beaucoup moindre puisqu'il n'est que de 12 p. 100 du total général.

Si nous établissons maintenant un rapport entre les cotisations des membres participants, en comprenant les droits d'admission, et celles des membres honoraires, nous verrons que ces dernières sont dans la proportion de 43 p. 100 par rapport aux cotisations des participants, tandis que pour l'ensemble des sociétés approuvées cette proportion est, pour les cotisations des membres honoraires, de 12,56 p. 100 et pour celles des membres participants de 87,44. La proportion normale se trouve donc pour ainsi dire renversée dans la société du IXe arrondissement et la part de la bienfaisance y est tout à fait exagérée.

Jetons donc maintenant un coup d'œil sur les dépenses effectuées par cette association pendant l'année 1900 :

Payé à 77 hommes pour 2.809 journées de maladie	4.860,50
Payé à 77 femmes pour 3.136 journées de maladie	3.024,75 (1)
Payé à 10 malades chroniques	770
Payé à 9 femmes accouchées	180
A reporter	8.835.25

1. La durée moyenne des maladies est de 37 jours par malade homme et de 40 jours par malade femme. Cette moyenne représente 6 jours de maladie par membre participant homme et 4 jours, 25 par membre participant femme.

Report . . .	8.835.25
Payé à 5 femmes veuves et à 2 orphelins . .	650
Honoraires aux médecins	3.781
Honoraires aux sages-femmes.	160
Médicaments	5.606,30
Bains, bandagistes. ventouseurs, etc. . . .	1.215,55
Convois et concessions temporaires. . . .	2.674.05
Abonnement médical aux sociétés étrangères.	2.668,50
Livrets de Caisse d'épargne pour apprentis .	300
Compte de commission, propagande, etc. .	6
Pensions . . . . , .	33.271,25
Frais de gestion	6.094.05
Total. . .	66.610,70

Le total des dépenses de maladie s'est élevé à la somme de 19.813 fr. 85, soit seulement 30 p. 100 du total général ; les mêmes dépenses dans l'ensemble des sociétés approuvées ont représenté, nous l'avons vu, 55 p. 100 en 1899. Au contraire, les pensions de retraite s'élèvent à la somme de 33.271 fr. 25, soit 50 p. 100 de l'ensemble des dépenses, alors que la part de la retraite n'atteint qu'une moyenne générale de 23 p. 100 dans les sociétés approuvées, en y comprenant même les versements faits par les associations à leur fonds de retraite. Ici encore, nous trouvons la société municipale du IXe arrondissement dans une situation anormale ; sans doute, nous ne pouvons qu'applaudir aux résultats considérables par elle acquis sur le terrain de la retraite, mais nous ne voudrions pas que ces progrès fussent réalisés au détriment des secours de maladie. Et l'anomalie nous semble d'autant plus choquante que, contrairement à ce qui a lieu pour la grande majorité des sociétés, les dépenses de maladie n'absorbent même pas les cotisations des membres participants. Qu'on profite de la situation exceptionnelle de la société pour affecter aux pensions de retraite la totalité de la cotisation des membres honoraires et même une partie de l'intérêt des fonds placés, cela nous semble très acceptable, mais au moins serait-il juste de donner aux cotisations des membres participants leur maximum d'utilité sur le terrain de la maladie afin d'arriver au moins à rétablir l'équilibre.

Or, l'indemnité pécuniaire de maladie représente une moyenne de 1 fr. 72 cent. par journée pour les hommes et de 0 fr. 96 pour les femmes. Eh bien ! étant donné la moyenne des salaires à Paris, qui est d'environ 6 fr. 30 pour les hommes et de 2 fr. 50 pour les femmes, il nous semble qu'il y aurait un grand avantage pour la société du IX° arrondissement à augmenter, dans une certaine proportion, 1/3 par exemple, l'indemnité de maladie actuellement servie aux membres participants et même à la prolonger pendant une année. La société n'aurait d'ailleurs aucune peine à supporter cette charge, puisqu'elle possède un capital considérable de plus de 700.000 francs.

Et peut-être cette augmentation suffirait-elle à faire affluer les adhésions nouvelles qui, chose singulière, se raréfient de plus en plus. En effet, depuis plusieurs années, malgré les avantages vraiment considérables accordés par la société, le nombre des membres participants diminue chaque année dans de très sensibles proportions. Le tableau suivant en est d'ailleurs la meilleure preuve :

ANNÉES	AVOIR TOTAL de la société	NOMBRE des membres participants
1860........................	35.664 68	760
1865........................	70.346 79	828
1870........................	143.810 18	1.003
1875........................	200.211 01	881
1880........................	315.656 18	1.212
1885........................	432.465 77	1.528
1890........................	541.154 57	1.590
1895........................	638.302 70	1.518
1899........................	697.165 13	1.358
1900........................	712.463 10	1.296

Il est bien évident que cette diminution qui s'accuse de plus en plus est un mauvais présage pour l'avenir de la société municipale du IXe arrondissement, étant donné surtout qu'elle se recrute dans un milieu où la mutualité est de plus en plus répandue et vulgarisée. Sans doute, le nombre sans cesse grandissant des sociétés de secours mutuels qui se fondent à Paris crée une limite inévitable au développement de chacune d'elles, mais ce n'est pas là une explication suffisante, et, sans vouloir anticiper sur les conclusions de notre travail il nous semble que la situation de la société du IXe arrondissement est un singulier argument en faveur de ceux qui affirment l'impuissance de la mutualité libre.

2° Société de secours mutuels dite l'Emulation chrétienne à Rouen.

Cette association, fondée en 1850, a été reconnue comme établissement d'utilité publique en 1864. Elle a depuis longtemps atteint un développement considérable et figure parmi les sociétés les plus florissantes et les mieux organisées qui existent en province. Son action s'étend sur Rouen et sa banlieue et sur le canton de Boos.

Elle a comme buts principaux d'assurer à ses membres des secours en cas de maladie et une pension de retraite dans les conditions d'âge et de sociétariat déterminées par les statuts. De plus la société a successivement créé un droit des octogénaires, un droit de vieillesse ; une allocation pour les veuves et les orphelins, un secours en cas d'accouchement; une caisse de prêts d'honneur.

Les hommes et les femmes sont admis dans la société moyennant le paiement d'une cotisation et le paiement d'un droit d'entrée proportionnel à l'âge du sociétaire au moment de son admission. Les candidats doivent subir au préalable un examen médical. Les limites extrêmes de l'admission sont de 15 à 35 ans pour les femmes et de 15 à 40 ans pour les hommes. Les états statistiques de la société nous permettent de faire à cet égard une constatation des plus rassurantes pour son avenir : en effet l'âge moyen des sociétaires a diminué progressivement depuis la fondation de la société ainsi que l'indique le tableau suivant :

Années	AGE MOYEN		Années	AGE MOYEN	
	hommes	femmes		hommes	femmes
1870	47 ans 3 mois	45 ans 1 mois	1890	42 ans 9 mois	35 ans 1 mois
1875	47 — 8 —	44 — 1 —	1895	40 — 10 —	33 — 7 —
1880	47 — 3 —	39 — 11 —	1900	38 — 1 —	32 — 6 —
1885	44 — 2 —	37 — » —			

En 30 ans, la moyenne d'âge est donc abaissée de dix ans pour les hommes et de treize ans pour les femmes, et nous disons que c'est là une garantie de prospérité ; en effet une société mutuelle où dominent les éléments jeunes, c'est-à-dire où l'effectif s'augmente par l'admission croissante de nouveaux adhérents entrés de bonne heure dans la société, est toujours assurée d'un équilibre financier des plus stables puisque les membres nouveaux, notamment lorsqu'il s'agit de secours de maladie n'apportent à l'association qu'un minimum de risques.

Le droit d'admission est fixé ainsi qu'il suit :

> 1 fr. jusqu'à 20 ans ;
> 2 fr. de 20 à 30 ans ;
> 3 fr. de 30 à 35 ans ;
> 5 fr. au-delà de 35 ans.

Ce droit d'entrée est beaucoup trop faible pour avoir un caractère compensateur.

En ce qui concerne les cotisations des membres participants, l'Emulation chrétienne a adopté un système assez particulier : il existe trois classes de cotisations pour les hommes et trois classes pour les femmes ; à ces trois classes correspondent naturellement des avantages différents. Toutefois entre 15 et 18 ans la cotisation annuelle est de 15 fr. pour tous les sociétaires sans exception. A partir de 18 ans, les hommes ont le choix entre une cotisation annuelle de 18 fr. 60, de 21 fr. 60 et de 30 fr , et à partir de 21 ans, ils paient 21 fr. 60, 30 fr. ou 36 fr. Pour les femmes, à partir de 18 ans, les trois classes de cotisation sont de 18 fr. de 24 fr. ou de 30 fr. Ces chiffres n'ont pas été fixés au hasard, et ils ne sont devenus définitifs qu'après avoir subi toutes les modifications que l'expérience a rendu nécessaires ; ils nous paraissent donc devoir assurer à la société un fonctionnement sûr et régulier ; d'autre

part nous avons donné notre adhésion au système
des cotisations croissantes (1) avec l'âge des sociétaires, et nous voyons avec satisfaction l'Emulation
chrétienne en faire l'application dans une certaine
mesure, mais ce qui nous effraie quelque peu c'est
l'extrême complication que doivent apporter tous
ces chiffres dans l'établissement des comptes de la
société ; en tout cas, la méthode des cotisations
multiples ne nous paraît pouvoir être employée avec
succès que dans les sociétés nombreuses et bien
organisées comme celle qui nous occupe.

Une autre remarque doit appeler notre attention ;
bien loin de se contenter des résultats pourtant
considérables acquis par la société, notamment par
suite de l'augmentation du nombre des membres
honoraires, ses administrateurs, estimant que la
mutualité doit avant tout reposer sur la prévoyance
et non sur la bienfaisance, réussirent après maints
efforts à obtenir des sociétaires des augmentations
successives de leurs cotisations. Du chiffre originaire
de 13 fr. pour les hommes et de 10 fr. pour les
femmes, elles furent respectivement portées par
étapes à 21 fr. 60 et 30 francs, et à 18 fr. et 24 fr.
C'est là une mesure des plus sages, qui a permis à
la société un grand nombre d'améliorations et qui
ne l'a pas empêchée de recruter sans cesse de nouveaux adhérents.

1. V. *suprà*, p. 112.

Ce précieux exemple n'est pas assez souvent imité et nous venons de voir pour une société prospère, commecelle du IX° arrondissement par exemple, les inconvénients qui résultent de cette sorte d'engourdissement : au lieu de s'en tenir aux résultats acquis, il faut chercher à augmenter les avantages réservés aux sociétaires en leur demandant au besoin un nouvel effort. C'est à ce prix seulement qu'on obtient de nouvelles adhésions qui sont pour la société la vraie garantie de sa prospérité future.

Aussi malgré l'élévation des cotisations, le nombre des membres de l'Emulation chrétienne a-t-il été sans cesse grandissant : il était de 2.331 en 1870, de 2.761 en 1881, de 3.005 en 1890 et s'élevait enfin à 4.400 en 1899. Les membres honoraires se sont également accrus d'une façon très sensible, surtout depuis les dernières années. Ils étaient 866 en 1899, ce qui donne la proportion normale de un membre honoraire pour quatre à cinq membres participants.

Les avantages assurés par la société en ce qui concerne l'assurance contre la maladie sont les suivants :

La société accorde, sans limite de temps les soins gratuits de l'un de ses médecins et les médicaments par lui prescrits aux sociétaires des deux sexes, pour maladie ou indisposition.

De plus tout homme sociétaire a droit pendant

un an à une indemnité de chômage qui varie dans les proportions suivantes, d'après le cotisation versée :

Cotisation de 15 francs par an

5 francs par semaine pendant 90 jours ;

4 francs par semaine pendant les neuf mois suivants ;

0 fr. 50 par semaine et par enfant mineur de 14 ans pendant un an.

Cotisation de 18 fr. 60

1 franc par jour pendant 90 jours ;

4 francs par semaine pendant les neuf mois suivants ;

1 franc par semaine et par enfant mineur de 14 ans pendant un an.

Cotisation de 21 fr. 60

1 fr. 50 par jour pendant 90 jours ;

4 francs par semaine pendant les neuf mois suivants ;

1 franc par semaine et par enfant mineur de 14 ans pendant un an.

Cotisation de 30 ou de 36 francs

2 francs pour la cotisation de 30 francs, par jour pendant 90 jours ;

2 fr. 50 pour la cotisation de 36 francs, par jour pendant 90 jours ;

1 franc par jour pendant le trimestre suivant ;

6 francs par semaine pendant le trimestre suivant ;

5 francs par semaine pendant le trimestre suivant ;

1 franc par semaine et par enfant mineur de 14 ans pendant un an.

Après une année continue de maladie si l'incapacité de travail dure encore, le sociétaire reçoit pendant tout le temps qu'il reste en cet état un secours de 0 fr. 50 par semaine et a droit aux soins gratuits du médecin et aux médicaments.

Les femmes ne reçoivent pas d'indemnité pécuniaire, sauf en cas d'accouchement ; cependant toute femme devenant veuve a droit en cas de maladie à une allocation hebdomadaire de 0 fr. 50 pour chacun de ses enfants mineurs de 14 ans.

Ce qui nous paraît fort intéressant à retenir, ce sont les résultats acquis au point de vue de la durée des soins médicaux et pharmaceutiques, qui n'ont point de limite, et de l'indemnité de chômage qui est allouée pendant une année. Il y a là de la part de la société l'Emulation chrétienne, un effort vraiment remarquable que nous souhaiterions vivement de voir imité. Trop peu de sociétés, nous l'avons dit, assurent à leurs membres pendant une aussi longue période des secours de maladie, et c'est fort regrettable. Toutefois, nous pensons que la prolongation des secours ne doit pas avoir pour conséquence une diminution trop grande du taux de l'indemnité pécuniaire, et nous sommes enclins à penser que l'Emulation chrétienne n'est pas à l'abri de cette critique. En effet des secours de 0 fr. 75 et même 1 franc par jour nous paraissent insuffisants pour remédier utilement à la perte du salaire dans une grande ville comme Rouen.

Jetons maintenant un coup d'œil sur les recettes de l'Emulation chrétienne et ses dépenses de maladie. Le tableau suivant indique les recettes de la société pendant l'année 1899 :

Nature des recettes (1)	*Montant*	
Droits d'entrée, cotisations amendes des membres participants.	57.226 fr. 20	
Subventions du département et de la ville, intérêts des fonds placés, concerts, dons et legs, recettes diverses .	30.162	85
Cotisation des membres honoraires, dons des membres donateurs ; produit d'une quête	19.075	64
Recettes totales concernant les retraites.	40.937	61
Recettes spéciales.	5.360	35
Total.	152.762	65

La part des cotisations et des droits d'entrée des membres participants représente seulement 44 0/0 du total des recettes, tandis que la moyenne générale dans les sociétés approuvées est de 61 0/0. Les cotisations des membres honoraires, y compris les dons des donateurs atteignent la proportion de 12 0/0, alors que la moyenne générale est seulement de 8,80 0/0. Ces différences ne sont pas assez considérables pour fausser la balance entre la prévoyance et la pure bienfaisance comme dans la société municipale du IXe arrondissement ; mais elles nous montrent une fois de plus combien est relativement faible la part de la vraie prévoyance dans

1. Nous avons suivi le classement spécial adopté par la société dans ses documents statistiques.

nos sociétés de secours mutuels. Et cependant
l'Emulation chrétienne, nous l'avons vu, a considérablement augmenté les cotisations de ses membres
participants.

Après les recettes, voyons les dépenses. Elles se
sont élevées en 1899 à la somme totale de 98 mille
883 fr. 19, ce qui représente un excédent considérable de recettes de 53.879 fr. 46, soit un tiers environ. Les dépenses se répartissent de la façon suivante :

Nature des dépenses	*Montant*	
Subventions en argent pour maladies. .	13 966 fr.	45
Médicaments.	24.029	70
Honoraires médicaux	9.176	»
Frais généraux.	12.912	52
Secours de diverses sortes	4.802	35
Frais funéraires. — Secours aux veuves et orphelins	2.337	»
Pensions.	26.162	67
Dépenses spéciales	5.496	50
Total.	98.883	19

Ce qui frappe d'abord à la lecture de ce tableau
c'est le chiffre atteint par la dépense de médicaments
qui représente à elle seule un cinquième du total.
Cette situation tient d'ailleurs exclusivement à la
façon très large dont les médicaments, sont alloués
aux sociétaires pendant toute la durée de leur maladie ; en effet le service pharmaceutique de la société
fonctionne d'une façon satisfaisante, et le traité

passé entre le syndicat des pharmaciens et la société permet à celle-ci d'obtenir les médicaments à très bon compte.

L'ensemble des dépenses de maladie, en y comprenant les secours de diverses sortes qui constituent pour la plupart des suppléments d'indemnité de chômage, s'élève à la somme de 51.974 francs soit 52 p. 100 du total général, chiffre légèrement plus faible que la moyenne fournie par les sociétés approuvées qui est de 55 p. 100. En ce qui concerne les pensions de retraites, la proportion est au contraire un peu plus élevée que la normale, puisqu'elle est ici de 26 p. 100 au lieu de 23 p. 100 dans l'ensemble des sociétés. Nous ne pouvons qu'exprimer à nouveau nos regrets sur la part trop faible réservée à la maladie ; étant donné l'excédent considérable des recettes sur les dépenses, il serait possible, et cela sans aucune imprudence, d'élever sensiblement les secours de chômage de façon à les rendre plus efficaces.

Pour résumer nos constatations à propos de la société d'Emulation chrétienne, nous retiendrons à l'avantage de cette association, l'effort utile qu'elle a fait en vue d'augmenter la cotisation de ses membres, c'est-à-dire la part de la vraie prévoyance. Nous nous rappellerons en second lieu que l'Emulation chrétienne est une des très rares sociétés qui assurent le paiement d'une indemnité de maladie pendant un an et la continuation des soins médicaux et des médicaments jusqu'à la guérison.

C'est là évidemment un bienfait considérable, mais, nous le répétons, ses effets ne peuvent être vraiment utiles que si l'indemnité allouée est assez élevée pour constituer un secours efficace de chômâge, et sur ce point nous croyons que l'Emulation chrétienne peut encore réaliser de grands progrès ; celui qui nous paraît le plus urgent, ce serait l'allocation d'une indemnité pécuniaire aux femmes malades. La prospérité tout à fait affirmée de l'association permettrait assurément cette extension.

Sous réserve de ces dernières observations, nous pensons que peu de sociétés en France sont parvenues à une aussi heureuse organisation et à des résultats aussi remarquables.

3° Société de secours mutuels des ouvriers en soie
de la ville de Lyon.

La société des ouvriers en soie de la ville de Lyon est née au lendemain même de la promulgation de la loi de 1850. A cause de cette origine particulière, la société n'a jamais demandé l'approbation comme société de secours mutuels et elle n'a jamais été classée parmi ces associations, mais, en fait, à part cette différence de pure forme, elle est constituée comme elles, et fonctionne dans des conditions absolument identiques.

De plus elle a le mérite de donner de ses opérations un compte rendu fort détaillé ; c'est ce qui nous a déterminé à la choisir pour étudier son fonctionnement.

Pour être admis dans la société des ouvriers en soie de Lyon, il faut être âgé de 18 ans au moins et de 35 ans au plus et exercer depuis deux ans au moins une profession se rattachant à l'industrie des soies. Les candidats doivent en outre subir un examen médical qui constate qu'ils ne sont atteints d'aucune affection chronique ou incurable. L'accès de la société est ouvert indistinctement aux hommes et aux femmes.

La société est divisée en deux parties absolument indépendantes au point de vue de leur gestion : l'une constitue la caisse de secours mutuels, l'autre la caisse des retraites ; nous ne pouvons qu'approuver cette séparation des comptes dont nous avons déjà cherché à établir la nécessité et la société des ouvriers en soie nous offre par son exemple une réponse facile aux objections élevées contre l'impraticabilité du système.

Moyennant une cotisation de 2 francs par mois pour les hommes et de 1 fr. 50 pour les femmes, la société accorde à ses membres en dehors des soins du médecin et de la délivrance gratuite des médicaments un secours de 2 francs aux hommes et de 1 fr. 50 aux femmes pour chaque journée de maladie (1).

Au 31 décembre 1900, le nombre des sociétaires participants était de 6.233 (1.549 hommes et 4.684 femmes) et celui des membres honoraires de 177 ; la disproportion entre ces deux chiffres est saisissante, et elle est précisément en sens inverse des constatations que nous avons faites pour les deux précédentes sociétés.

Ici, il n'y a qu'un membre honoraire pour 35 participants. Empressons-nous d'ajouter que l'insuffisance des membres honoraires est largement compensée par une subvention annuelle de 60.000 francs accordée à la société par la Chambre de commerce de Lyon.

L'effectif de l'association est considérable ; mais étant donné son caractère étroitement professionnel, le nombre des membres participants n'est pas susceptible d'une augmentation sensible. Pour la même raison, l'âge moyen des sociétaires immatriculés ne subit aucune variation appréciable. Il était au 31 décembre 1900 de 42 ans pour les hommes et de 44 ans pour les femmes. Remarquons que ces der-

---

1 De plus, la société assure la fourniture à prix réduit des bains et des appareils chirurgicaux et des secours aux femmes en couches.

nières représentent presque exactement les deux tiers de l'effectif total.

Voici comment se répartissent les recettes de la caisse de secours mutuels pour l'année 1900 :

Allocation de la Chambre de commerce. . .	60.000	
Souscriptions des membres honoraires. . .	4.224	»
Cotisations des membres participants . . .	120.516	»
Abonnement des enfants.	1.765	»
Intérèts des fonds placés	16.678	47
Annulation d'indemnités ordonnancées en 1889.	3.967	98
Boni sur port de lettres	53	»
Total.	207.204	45

Les 120.516 francs versés par les membres participants figurent pour 58 p. 100 dans l'ensemble des recettes ; cette moyenne est encore inférieure de 3 p. 100 à la moyenne générale des sociétés approuvées. La part de la bienfaisance est au contraire beaucoup plus élevée que la normale, puisqu'elle représente plus de 30 p. 100 du total au lieu de 8,80 p. 100.

Nous l'avons déjà dit, la prospérité d'une société de secours mutuels est en elle-même fort intéressante, mais nous préfèrerions de beaucoup la voir assurée presque exclusivement par l'effort personnel de ses membres.

Les dépenses effectuées par la société des ouvriers en soie ont atteint en 1900 la somme totale de 193.678 fr. 89, soit un excédent de recettes de

13.525 fr. 56 que nous estimons suffisant pour parer aux éventualités imprévues. Conserver en caisse des excédents aussi importants que la société l'Emulation chrétienne, c'est en effet violer le principe qui veut que le maximum d'utilité soit donné aux recettes de la société au profit de ses sociétaires actuels.

Le montant de chaque sorte de dépenses est le suivant :

Honoraires des médecins.	23.797 25
Frais pharmaceutiques	23.684 03
Indemnités aux malades	61.033 07
Frais funéraires.	6.635 30
Secours aux veuves et aux orphelins	590 »
— extraordinaires	2.400 »
Frais de mariage	48 05
Frais de bains et appareils chirurgicaux	348 84
Recettes diverses	933 50
Primes de retraites.	60.930 »

Nous sommes surpris de voir figurer dans le compte des secours mutuels proprement dits, 60.930 francs pour « primes de retraite », puisque, nous l'avons dit, le compte secours et le compte retraites sont absolument distincts, et nous devons remarquer que cette somme représente presque exactement les 60.000 francs versés par la Chambre de commerce, qui se trouvent ainsi exclusivement affectés à la pension de retraite. Cette situation nous permet de constater une fois de plus la regrettable

tendance accusée par toutes les sociétés de secours mutuels qui assurent en même temps la retraite, de favoriser presque exclusivement cette dernière, au lieu d'assurer avant tout des indemnités
convenables de maladie. Aussi voyons-nous les dépenses de maladie n'atteindre que 56 p. 100 du
total des dépenses qui doivent en principe être toutes affectées à ce service.

Pendant l'année 1900, 1.230 malades (282 hommes et 948 femmes) ont reçu l'indemnité de chômage, ce qui représente une moyenne de dix-neuf
malades pour cent membres participants, au lieu
de la moyenne ordinaire 33 p. 100. Quant à la durée
elle a été de 34 jours pour hommes et de 33 jours
pour les femmes.

La somme payée à chaque malade pour secours
de chômage se répartit sur 41.391 journées (9.727
pour les hommes et 31.664 pour les femmes), soit
une moyenne générale de 1 fr. 47 par journée de
maladie (1 fr. 75 pour les hommes et 1 fr. 36
pour les femmes). Point n'est besoin d'insister sur
l'utilité et la facilité qu'il y aurait à relever ces
chiffres, insuffisants dans une ville comme Lyon,
grâce à tout ou partie de l'allocation de la Chambre
de commerce. Remarquons d'ailleurs que contrairement à ce qui a lieu dans l'immense majorité des
sociétés, les dépenses de maladie sont loin d'absorber les cotisations des membres participants.

Un mot en terminant sur la dépense pharmaceutique : elle s'est élevée en 1900 à 3 fr. 76 par tête de membre participant ; elle est donc sensiblement moins élevée que dans la grande majorité des sociétés approuvées, dont la moyenne générale est de 4 fr. 68 par sociétaire.

Pour nous résumer et conclure à la fois sur l'étude des trois sociétés dont nous avons examiné le fonctionnement nous retiendrons cette constatation essentielle qu'aucune d'elles, malgré des conditions spéciales de prospérité, n'a su donner à l'assurance contre la maladie son maximum d'efficacité. Si dans l'une au moins la durée des secours assurés est particulièrement longue, dans toute, en revanche, les indemnités allouées sont insuffisantes alors qu'elles pourraient être sensiblement plus élevées. Que dire alors de la généralité des sociétés de secours mutuels qui ne possèdent à aucun degré les ressources exceptionnelles dont sont dotées toutes celles que nous avons étudiées ? Comment pourraient-elles réussir là où celles-ci ont échoué ? C'est cette question que nous allons envisager dans le chapitre suivant en examinant les résultats pratiques acquis par nos sociétés de secours mutuels sur le terrain de la maladie.

CHAPITRE VII

CRITIQUE GÉNÉRALE DES RÉSULTATS OBTENUS EN FRANCE
PAR LES SOCIÉTÉS DE SECOURS MUTUELS DANS L'ASSU-
RANCE CONTRE LA MALADIE.

Nous avons, au cours des précédents chapitres,
relevé un grand nombre d'observations sur les conditions particulières du fonctionnement des sociétés
de secours mutuels : il nous paraît maintenant
indispensable de réunir et de condenser toutes nos
critiques, afin d'essayer d'en dégager sinon une conclusion définitive, tout au moins une impression
générale.

Guidés avant tout par la préoccupation d'établir
le degré d'efficacité atteint par les sociétés mutuelles sur le terrain de l'assurance contre la maladie,
nous nous attacherons particulièrement à rechercher si les résultats acquis doivent nous faire espérer que ces associations puissent un jour protéger
efficacement la classe ouvrière contre le risque de

maladie et rendre ainsi inutile une intervention quelconque de l'Etat en sa faveur.

Nous avons dit qu'en principe le risque de maladie apporté dans l'association par chaque membre participant devait être entièrement assuré par sa propre cotisation ; on conçoit aisément en effet que l'équilibre financier d'une société ne peut exister d'une façon certaine et durable que si les dépenses obligatoires sont couvertes par des recettes obligatoires équivalentes ; sinon il suffit qu'une baisse se produise dans les ressources facultatives de la société, par exemple à la suite d'une diminution du nombre des membres honoraires, pour que sa prospérité se trouve définitivement compromise. Or dans la plupart des sociétés, la cotisation est insuffisante pour couvrir les seules dépenses de maladie. La moyenne de la dépense générale de maladie représente en effet 15,14 par membre participant en 1899, alors que la cotisation moyenne, nous l'avons vu, n'est que de 13 fr. 59, dans les sociétés assurant seulement les secours de maladie ; l'excédent de la dépense moyenne sur la cotisation moyenne est donc de 1 fr. 55 (1).

Nous sommes donc déjà en mesure d'affirmer que

1. Quant à l'excédent de la dépense de chaque malade par rapport à sa cotisation il est naturellement beaucoup plus élevé : il représente 37 fr 58 pour les hommes et 45 fr. 66 pour les femmes.

la cotisation des membres participants est en général trop faible.

Si nous envisageons ensuite l'indemnité allouée
à chaque malade, nous serons bien obligés de
constater que non-seulement à Paris, mais même
en province, elle est insuffisante. En effet, la
moyenne de l'indemnité par journée de maladie
est, nous l'avons vu, de 1 fr. 25, en y comprenant les indemnités globales allouées par les sociétés qui ne prennent point à leur charge le paiement des honoraires médicaux et des frais pharmaceutiques, ce qui, dans une certaine mesure, vient
encore réduire le taux du véritable secours de chômage. Or, le salaire quotidien moyen des ouvriers
dans la grande et la moyenne industrie représente
d'après les statistiques de l'Office du travail 6 fr. 30
à Paris et 3 fr. 90 en province. L'indemnité moyenne
allouée par les sociétés ne représente donc pas
le quart du salaire à Paris et elle représente au plus
le tiers des salaires en province. En ce qui concerne les femmes l'indemnité moyenne qui n'est que
de 0 fr. 89 par journée de maladie se trouve dans
la même proportion par rapport à leur salaire
moyen. D'autre part, nous avons vu que le taux de
l'indemnité pécuniaire tendait encore chaque année
à s'abaisser et qu'il subissait notamment une forte
diminution entre 1898 et 1899, diminution que
nous avons attribuée à l'influence de la nouvelle loi.

En présence de ces chiffres, est-il possible d'estimer
que les sociétés de secours mutuels peuvent rendre
à l'ouvrier malade des services suffisamment efficaces pour lui éviter la misère, conséquence inéluc-
table d'une maladie un peu longue ? Qu'est-ce qu'un
secours de 1 fr. 30 par jour pendant un ou deux
mois pour un ouvrier marié, père de plusieurs
enfants, et ce sont précisément ceux-là qui sont les
plus portés à s'affilier aux institutions de prévoyance dont ils sentent plus vivement la nécessité ?

Une autre critique grave, c'est l'irrégularité dans
le chiffre du secours alloué, qui dans la majorité
des sociétés s'abaisse à mesure que la maladie se
prolonge et que les besoins du malade augmentent
La plupart du temps, au bout du deuxième ou du
troisième mois l'indemnité est réduite de moitié :
elle n'est plus que de 0 fr. 75 ou même de 0 fr. 50
par jour : c'est dire qu'elle ne peut plus avoir la
moindre efficacité pour le malheureux que la maladie condamne au chômage.

Enfin, la durée elle-même des secours est trop
courte : nous n'avons à cet égard aucun renseignement statistique précis, mais nous avons pu affirmer
sans craindre de nous tromper, que la plupart des
sociétés cessent au bout de trois mois le service de
l'indemnité pécuniaire ; un très petit nombre le
prolongent jusqu'à six mois, mais au-delà de ce

terme, on ne rencontre plus que des exceptions
absolument isolées comme, par exemple, l'Emulation chrétienne qui, nous l'avons vu, accorde pendant un an le secours de chômage. Sans vouloir
revenir sur les explications que nous avons données
à ce sujet dans le chapitre des dépenses de maladie,
nous devons retenir qu'en l'absence de tout organe
existant en France pour parer au risque d'invalidité, une situation des plus graves est faite au malade qui ne se trouve pas guéri à l'expiration du
terme fixé par les statuts. Non seulement il est aux
prises avec des difficultés matérielles qui, surtout
s'il est chargé de famille, peuvent le mener tout
droit à la misère, mais d'autre part, il est fort souvent dans l'impossibilité absolue de continuer à
payer ses cotisations et il lui arrive alors d'être
rayé de la société et de perdre ainsi le fruit de sa
prévoyance. Voilà une nouvelle cause d'inefficacité
des plus sérieuses à la charge des sociétés de secours mutuels. Pour être tout à fait juste, nous
devons toutefois indiquer qu'un certain nombre de
caisses de réassurance contre la maladie fonction-
nent actuellement en France. Ce sont des unions
de sociétés qui, moyennant une très faible cotisation, assurent aux adhérents la continuation du secours de chômage au-delà du terme fixé par leurs
sociétés respectives.

Il n'a pas été fait jusqu'à présent de statistique

spéciale sur les caisses de réassurance, mais voici, à titre d'indication, quelques renseignements sur les plus importantes d'entre elles.

L'Union des sociétés de secours mutuels de la Loire-Inférieure, à Nantes, comprenait, au 31 décembre 1900, 3.272 membres payant un droit d'entrée de 0 fr. 50 et une cotisation de 1 fr. 80 par an. Pendant l'année 1900, l'Union a secouru 59 membres qui ont reçu des indemnités de maladie pour un total de 8.664 journées, soit une moyenne de 150 journées par malade. Chacun d'eux a reçu un secours quotidien de 1 fr. 50 pendant les six premiers mois et de 1 franc pendant les mois suivants ; la dépense totale s'est élevée de ce chef à 11.120 francs.

De plus, la société accorde à ses membres les soins médicaux ; elle paie son médecin à raison de 4 francs par visite et a dépensé ainsi en 1900 une somme de 225 francs. L'Union de la Loire-Inférieure ne paie pas les frais funéraires et ne constitue pas de pensions de retraites. Ses recettes ont atteint, en 1900, 11.845 francs et ses dépenses 11.695 francs ; son avoir à la fin de l'exercice était de 17.655 francs. Sa situation est donc bien équilibrée.

A Angers s'est fondée l'Union générale des sociétés de secours mutuels d'Angers et du Maine-et-Loire, dont le but unique est également d'accorder les secours de maladie. Elle est formée par 33 sociétés et comprend un effectif de 3.601 membres qui paient une cotisation de 2 fr. 40 par an. Chaque malade reçoit une indemnité journalière de 1 fr. 50 pendant les six premiers mois, de 1 franc pendant les quinze mois suivants et ensuite une somme annuelle de 130 francs. En 1900, 68 malades ont ainsi reçu une somme de 11.346 francs, ce qui représente par malade une dépense moyenne de 166 francs. Les recettes de l'année se sont élevées à 16.594 francs et les dépenses à 11.647 francs. L'Union possédait au 31 décembre 1900 un avoir de 22.503 francs; elle est donc, elle aussi, en pleine prospérité.

Enfin, nous mentionnerons la Caisse de réassurance du département de la Seine, qui accorde une indemnité pécuniaire de 1 franc par jour aux membres participants qui ont été déjà secourus pendant six mois de maladie par leurs sociétés respectives. Toutefois, les secours ne sont alloués que pendant cinq ans au maximum. En 1900, 34 malades ont ainsi reçu une somme totale de 3.447 francs, moyennant un droit d'entrée de 50 centimes et une cotisation annuelle de 2 fr. 40.

Ces quelques indications nous permettent d'apprécier le rôle absolument utile que jouent les caisses de réassurance et les services précieux qu'elles rendent moyennant une cotisation presque insignifiante. C'est là, d'autre part, une preuve que si les sociétés de secours mutuels se contentaient de l'assurance contre la maladie, qui offre à leur activité un assez vaste champ d'action, elles obtiendraient facilement des résultats très supérieurs à ceux qu'elles atteignent aujourd'hui.

Si les caisses de réassurance sont encore fort rares en France, cela tient surtout à la législation de 1852 qui ne prévoyait pas les Unions de sociétés. Il est bien évident, en effet, que seules des associations nombreuses et rayonnant sur un territoire étendu peuvent pratiquer utilement l'assurance contre la maladie à très long terme. Une société restreinte risquerait au contraire de se trouver dans les plus grands embarras financiers si elle voulait tenter d'organiser un pareil service : il suffirait de quelques sociétaires atteints de longues maladies pour jeter le trouble dans ses finances.

La loi de 1898, en facilitant l'organisation des unions, aura au moins, nous l'espérons, cet heureux effet de permettre la création de caisses de réassurance dans les villes importantes où elles sont appelées à un rôle d'une grande utilité.

La question des caisses de réassurance en fait surgir une autre qui a également, selon nous, une importance considérable pour le bon fonctionnement de l'assurance contre la maladie : lorsqu'un membre d'une société de secours mutuels est rayé ou démissionnaire, les fonds qu'il a versés depuis son entrée dans la société restent acquis à cette dernière. Nous estimons qu'il y a dans cette confiscation un acte absolument injuste. Sans doute, certains sociétaires se retirent parfois de l'association peu de temps après leur admission et pour des prétextes souvent peu sérieux, mais il en est d'autres qui sont obligés de démissionner ou de subir leur radiation, soit parce qu'une gêne momentanée les empêche de payer leur cotisation, soit parce qu'ils sont forcés de changer de résidence pour trouver du travail. Eh bien ! c'est précisément au moment où il se trouve plus exposé et où il a le plus besoin d'être secouru, que l'ouvrier va perdre d'une façon irrémissible le fruit de sa prévoyance !

Des esprits éclairés se sont déjà élevés contre cette pratique qui éloigne des sociétés de secours mutuels un trop grand nombre d'ouvriers : beaucoup de travailleurs sont, en effet, contraints, par les conditions même de leur état, de changer très souvent de résidence ; ils se trouvent donc presque nécessairement privés des bienfaits de la mutualité. Cependant le remède n'est pas impossible à trouver : il faut découvrir le moyen de garantir à chacun les droits qu'il a acquis au moment de son départ, mais sans lui remettre une somme d'argent, car ce serait une sorte de prime à la démission. « Tout en maintenant d'un côté les principes du droit et de l'équité, de l'autre, la nécessité d'une sécurité suffisante, on arrivera sans autre difficulté à permettre au membre le libre passage d'une caisse dans une autre, lorsque la caisse dont il sort fera abandon de la réserve du membre au profit de celle dans laquelle il rentre. On ne peut pas nous objecter que, de cette manière, la sortie d'un membre porte préjudice à la société, parce qu'elle diminue sa fortune, car la caisse ne rembourse que la somme qui lui était nécessaire pour remplir ses engagements vis-à-vis du membre sortant. Après la sortie du membre, la caisse n'a plus besoin de cette somme. » Tel est le moyen très équitable préconisé par M. le Dr H. Kinkelin (1) ; mais nous croyons qu'il sera difficile de le faire admettre à la majorité de nos mutualistes, tant est ancrée cette pratique qui consiste à ne rien restituer à celui qui quitte une société de secours mutuels. Toutefois, et c'est là un progrès déjà appréciable, mais insuffisant, un certain nombre de sociétés ont organisé le système de la « mise en subsistance », grâce auquel le sociétaire, obligé de changer de résidence, est appelé à recevoir d'une société qui existe dans le lieu de son nouveau domicile les secours de maladie, sauf remboursement par la société à laquelle il appartient. C'est là une pratique fort sage mais encore

____

1. Dr Kinkelin, *Les sociétés de secours mutuels de la Suisse.*

trop peu répandue. Ajoutons cependant que les mutualistes semblent entrevoir l'injustice et les inconvénients du non-remboursement, car le Conseil supérieur de la mutualité a été récemment saisi d'un vœu émané de la société de prévoyance d'Auxerre et tendant à ce qu'un mutualiste, en quittant une ville, puisse, à tout âge, entrer dans la société d'une autre ville et y recevoir les secours prévus par ses statuts en subissant les charges que ces mêmes statuts comportent. Le Conseil supérieur a adopté ce vœu, et nous estimons, quant à nous, qu'il ne peut y avoir vraiment pour l'ouvrier une assurance efficace de la part des sociétés de secours mutuels que le jour où il sera entré dans la pratique.

Nous ne nous dissimulons pas d'ailleurs les difficultés pratiques que cette réalisation peut présenter et nous ne pouvons passer sous silence une constatation qui nous semble à cet égard d'une grande importance : nous faisons allusion à l'inégalité extraordinaire qui existe entre les dépenses de maladie suivant les départements.

Etant donné l'importance de la question, nous indiquons dans le tableau ci-dessous la moyenne des indemnités alloués dans huit départements, choisis surtout parmi ceux où la mutualité est le plus répandue, ainsi que l'excédent de la dépense moyenne de maladie sur la cotisation des membres participants :

INDICATION DES MOYENNES prises dans chaque département	Honoraires médicaux	Frais pharmaceutiques	Indemnités pécuniaires	Totaux
Seine				
Moyenne par membre participant.	3 47	5 67	13 91	23 05
— par malade.............	10 41	18 91	51 68	81 »
Cotisation moyenne dans le département..................				19 35
Excédent de la dépense moy. des malades sur leur cotisation.				61 65
— — — par participant sur la —				3 70
Rhône				
Moyenne par membre participant.	4 31	7 37	8 88	20 56
— par malade.............	17 41	29 81	35 87	83 09
Cotisation moyenne dans le département..................				19 37
Excédent de la dépense moy. des malades sur leur cotisation.				63 72
— — — par participant sur la —				1 29
Bouches-du-Rhône				
Moyenne par membre participant.	5 75	6 04	6 27	18 06
— par malade.............	22 02	23.16	24 61	69 19
Cotisation moyenne dans le département..................				19 31
Excédent de la dépense moy. des malades sur leur cotisation.				49 88
— cotisation sur la dépense moy. par participant.				1 25

INDICATION DES MOYENNES prises dans chaque département	Honoraires médicaux	Frais pharmaceutiques	Indemnités pécuniaires	Totaux
Gironde				
Moyenne par membre participant .	5 61	6 60	7 11	19 32
— par malade	18 29	21 52	23 17	62 98
Cotisation moyenne dans le département.................				16 31
Excédent de la dépense moy. des malades sur leur cotisation.				46 07
— — — par participant sur la —				3 01
Nord				
Moyenne par membre participant.	1 81	3 15	9 92	14 88
— par malade.............	4 70	8 5	25 67	38 52
Cotisation moyenne dans le département.................				11 68
Excédent de la dépense moy. des malades sur leur cotisation.				26 84
— — — par participant sur la —				3 20
Seine-Inférieure				
Moyenne par membre participant.	4 01	6 86	8 96	19 83
— par malade	8 67	14 86	19 22	42 75
Cotisation moyenne dans le département				19 69
Excédent de la dépense moy. des malades sur leur cotisation.				26 06
— — — par participant sur la —				0 14

INDICATION DES MOYENNES prises dans chaque département	Honoraires médicaux	Frais pharmaceutiques	Indemnités pécuniaires	Totaux
Meuse				
Moyenne par membre participant .	2 89	5 14	6 79	14 82
— par malade	7 35	13 05	17 23	37 63
Cotisation moyenne dans le département				12 60
Excédent de la dépense moy. des malades sur leur cotisation.				25 03
— — — par participant sur la —				2 22
Somme				
Moyenne par membre participant.	2 70	3 95	5 42	12 07
— par malade	7 35	13 05	14 31	31 89
Cotisation moyenne dans le département..................				9 48
Excédent de la dépense moy. des malades sur leur cotisation.				22 41
— — — par participant sur la —				2 59

Il est facile de se rendre compte, à la lecture du
tableau qui précède, qu'au point de vue de leur organisation financière, les sociétés de secours mutuels
ne suivent aucune règle précise. Qui pourrait expliquer par exemple pourquoi la cotisation moyenne
dans la Meuse (moyenne qui est bien inférieure à la
moyenne générale 13,59) laisse un écart relativement
considérable de 2 fr. 59 avec la moyenne des dépenses de maladie pour chaque sociétaire ? Pourquoi

au contraire, dans les Bouches-du-Rhône, et c'est
là une heureuse exception, la cotisation qui est,
fort élevée puisqu'elle est de 19 fr. 31 dépasse-t-
elle de 1 fr. 25 le montant des frais de maladie par
membre participant? Il nous semble donc bien à
première vue, que l'équilibre pourrait exister partout mais l'existence de semblables différences démontre en tout cas que des règles doivent être
posées pour les éviter, car les tendances de la mutualité ne permettent pas de penser qu'elle puisse
se les imposer elle-même. Sans doute il y a des
écarts qui s'expliquent par une différence de milieu : ainsi les Bouches-du-Rhône, qui contiennent
une ville fort importante comme Marseille, où les
salaires sont plus élevés que dans les petites villes
de province, révèlent naturellement une moyenne
de cotisation plus élevée que celle d'un département
comme la Meuse où il n'existe pas de grands centres
de population.

Mais malgré tout, la plupart des différences
signalées nous paraissent être un effet du hasard
et dès lors nous ne saurions trop les combattre.
Ce qui nous frappe le plus dans cet ordre d'i-
dées, ce sont les écarts entre chaque dépense prise
séparément suivant les départements. Ainsi les frais
médicaux qui représentent dans le Nord 1 fr. 81
par membre participant et 4,70 par malade, s'élèvent dans la Gironde à 5 fr. 61 par sociétaire et

18,29 par malade soit quatre fois plus ! Il en est de même pour les frais pharmaceutiques et les indemnités pécuniaires. Eh bien ! même en tenant compte des divers systèmes qui, nous l'avons vu, sont employés par les sociétés en ce qui concerne leur service médical et pharmaceutique, nous estimons que de pareilles différences ne se justifient pas, et qu'elles constituent, de toute évidence, un obstacle aux progrès de la mutualité.

En résumé, s'il peut paraître difficile de réaliser une égalisation à peu près complète pour toutes les sociétés, surtout à cause des diverses combinaisons qu'elles peuvent adopter à l'égard des médecins et des pharmaciens, en revanche ce qui nous semble indispensable, c'est que la cotisation qui représente la part de la prévoyance et qui constitue la seule recette vraiment certaine, soit au moins suffisante pour couvrir les dépenses de maladie ; nous souhaiterions également qu'il fût possible de demander aux membres participants une cotisation plus élevée qui permette de leur accorder des secours plus importants.

Nous ne croyons pas que sur ce second point, la mutualité libre puisse parvenir à des résultats appréciables, à cause de l'égoïsme inconscient qui pousse la majorité des sociétaires à croire que les bienfaits de la mutualité peuvent se donner pour rien. Quant à l'équilibre entre la cotisation et les dépenses de maladie, il ne pourrait selon nous être sérieusement

obtenu que s'il existait une séparation entre les
diverses branches de la société concernant des opérations distinctes; tandis qu'actuellement dans presque toutes les sociétés de secours mutuels, c'est une
cotisation unique qui est affectée à la fois aux secours de maladie, et aux pensions de retraite, sauf
dans les peu nombreuses associations qui promettent des retraites garanties et qui doivent exiger
une cotisation spéciale (1).

Aussi une société qui promet dans ses statuts une
pension éventuelle, subordonnée à ses ressources, est-
elle inévitablement conduite à reléguer au second
plan les opérations concernant la maladie et même à
diminuer progressivement les avantages assurés de
ce chef aux sociétaires, à cause de cet attrait irré-
sistible et irréfléchi de la plupart de nos mutualistes
vers la pension de retraite. Et cependant quels mai-
gres résultats ont été jusqu'ici obtenus sur ce terrain ! La moyenne des pensions servies en 1899 par
les sociétés approuvées s'est élevée à 71 fr. ! Ajoutons
d'ailleurs que sur le total près des 3/4 de ces pensions sont inférieures à la moyenne, et qui près des
4/5 sont au-dessous de cent francs ! En présence de
pareils chiffres, n'est-il pas permis de dire que la
retraite organisée par les sociétés de secours mutuels est un véritable leurre ? et que pour avoir voulu
embrasser un champ d'action beaucoup trop vaste,

1. Art. 5 de la loi du 1er avril 1898.

ces associations sont arrivées à ce résultat regrettable de ne garantir d'une façon efficace aucun des risques dont leurs statuts promettent imprudemment la réparation ?

Nous ne pouvons à ce propos passer sous silence la situation d'une catégorie de sociétés dont nous avons jusqu'ici volontairement omis de parler, ce sont les sociétés scolaires de secours mutuels : de fondation récente puisque les plus anciennes remontent à peine à une dizaine d'années, elles furent d'abord accueillies avec enthousiasme dans les milieux mutualistes et en 1899 elles étaient au chiffre respectable de 768. Moyennant une cotisation hebdomadaire insignifiante de dix centimes, elles promettent des secours en cas de maladie aux enfants affiliés à la société et même à leurs parents, et elles assurent aux enfants sociétaires une pension de retraite au moyen du livret individuel de la caisse nationale des retraites pour la vieillesse. Eh bien ! la plupart des sociétés scolaires n'ont réalisé aucune des espérances qu'elles avaient fait naître, et aujourd'hui, leurs organisateurs les plus convaincus sont obligés de reconnaître qu'ils ont fait fausse route. Lorsque les enfants quittent l'école, ils ne réclament même pas leurs livrets de retraite, qui s'accumulent d'année en année ; l'effort est donc inutile et stérile. Toutefois qu'on ne se méprenne pas sur notre pensée ; nous sommes les premiers à estimer qu'il est précieux

d'accoutumer l'enfant aux idées de prévoyance ; mais
nous croyons aussi qu'on ne peut pas obtenir un
résultat sérieux avec rien ou presque rien, et l'échec
des sociétés scolaires est un nouveau témoignage de
l'impuissance de la mutualité libre au moins telle
qu'elle est actuellement comprise chez nous, c'est-à-
dire lorsqu'elle ne fait pas un suffisant appel à la
prévoyance et à l'effort individuel.

D'ailleurs la tendance générale qui s'accuse et que
nous avons déjà signalée chez les mutualistes français
éloigne de plus en plus l'ouvrier de la mutualité. Ce
qui en effet lui est vraiment utile, c'est avant tout ce
qui lui procure des secours immédiats en cas de chômage forcé, c'est-à-dire l'assurance contre la maladie
et les accidents. Or la plupart des sociétés nouvelles
approuvées postérieurement à la loi du 1ᵉʳ avril 1898,
suivant imprudemment le législateur dans la voie
qu'il vient de leur tracer, se préoccupent presque
exclusivement de la retraite et des assurances à long
terme. Quelques-unes même, dépassant les limites
fixées par la loi, ont organisé sous le nom de dotations
des associations qui n'ont de la mutualité que le nom.
Ces sociétés, qui répondent à des besoins absolument
différents de ceux des anciennes sociétés de secours
mutuels, s'adressent à une tout autre clientèle qui
leur paie des cotisations élevées, que le salaire trop
modique de l'ouvrier ne lui permettrait pas d'ailleurs
d'acquitter. L'axe de la mutualité se trouve donc

déjà insensiblement déplacé ; dans un certain nombre d'années, si le mouvement qui s'accomplit n'est point enrayé, la transformation sera complète, et des anciennes sociétés de secours mutuels, il ne subsistera plus que le souvenir.

Cette situation nous paraît fort redoutable ; il semble d'ailleurs que le législateur de 1898 ne l'ait point entrevue, ou qu'il ait tout fait au contraire pour en encourager le développement. Nous n'en voulons pour preuve que les dispositions de l'art. 21, qui frappent d'inaliénabilité le fonds commun de retraites déposé par les sociétés de secours mutuels à la Caisse des Dépôts et Consignations : les sociétés qui ont, sous l'empire des décrets de 1852 et 1856, constitué des pensions de retraite au profit de leurs membres, se trouvent ainsi obligées *ad perpetuum* de continuer ce service, puisqu'elles ne peuvent utiliser que les intérêts de leur fonds commun pour le service de leurs pensions et qu'elles ne peuvent à aucun titre disposer d'aucune portion du capital lui-même. Beaucoup d'esprits se montrent très inquiets du sort de ces fonds inaliénables et pour bien marquer leur pensée, ils lui donnent le nom significatif de biens de main-morte de la mutualité. « Il peut exister de réels dangers dans l'accumulation incessante des capitaux dont le revenu seul est employé, accumulation d'ailleurs illogique sous tous les rapports. En effet, si l'espérance, l'idéal d'un grand

nombre de mutualistes aspirant au développement
illimité du fonds commun se réalisait dans toutes les
sociétés, quelle serait la situation dans un temps
éloigné, un ou deux siècles, par exemple? Quels capitaux immenses seraient accumulés et quelle absorp-
tion n'auraient-ils pas produite? Quelles idées de
mains mise sur ces fonds ne feront-ils pas naître
s'ils sont réunis dans une caisse, quels moyens d'exclusion n'emploira-t-on pas pour se réserver les avantages, s'ils ne résultent pas surtout des sacrifices
personnels... (1) » Nous ne saurions trop approuver
ces justes réflexions et nous pensons qu'il y a pour
l'avenir un danger véritable à laisser l'Etat accumu-
ler dans ses caisses des sommes aussi considérables,
qui, somme toute, ne leur appartiennent pas, et dont
il se réserve cependant la libre disposition au même
titre que les fonds déposés dans les Caisses d'épargne.

A un autre point de vue, la constitution des fonds
inaliénables nous semble profondément injuste, car
elle est faite au détriment des sociétaires actuels et
au profit des sociétaires futurs : or la mutualité doit
avoir pour but essentiel le soulagement des maux
présents, et nous avons vu qu'elle n'y parvenait
même pas d'une façon suffisante; aussi n'hésitons-
nous pas à penser avec beaucoup d'autres, que les

1. Note présentée par M. Matrat au 3ᵉ congrès national des
sociétés de secours mutuels.

fonds sociaux inaliénables sont dangereux pour le développement de la mutualité.

La conclusion de toutes les observations que nous avons recueillies dans ce chapitre nous semble s'imposer d'elle-même : à l'heure actuelle les sociétés de secours mutuels ne couvrent pas d'une façon suffisante le risque de maladie ; or, les résultats que nous avons enregistrés se ressentent déjà de l'influence de la loi du 1er avril 1898 et bien loin de remédier à cet état de choses, bien loin de préparer avant tout la réalisation complète et efficace de l'assurance contre la maladie pour laquelle en réalité sont nées les sociétés de secours mutuels, la législation nouvelle les a engagées dans une voie que leurs forces ne leur permettront sans doute pas de suivre longtemps, et de précieux efforts auront été ainsi dépensés en pure perte. Qu'on nous permette cette comparaison vulgaire, mais qui rend bien notre pensée, on a voulu mettre un toit à un édifice dont les fondations même n'étaient point encore achevées : en mutualité comme en architecture, la catastrophe est inévitable.

CHAPITRE VIII

LES FRIENDLY SOCIETIES EN ANGLETERRE

I. *Origine et caractères généraux des friendly societies.* —
II. *Législation actuelle, act de 1896.* — III. *Statistiques.*
— IV. *Rôle économique et social des friendly societies,
tentatives d'organisation étaliste.*

I.

En 1875, un membre de la Chambre des Communes, M. Holmes, s'exprimait ainsi, en parlant des
friendly societies : « Si nous considérons l'histoire
de ces sociétés, nous devons reconnaître que les ouvriers de ce pays ont montré dans l'administration
de leurs intérêts une somme de sagesse, de confiance en soi, de sens pratique, qui est un des plus
intéressants caractères du progrès et de la civilisa-
tion du siècle où nous vivons et qui ne trouve aucun
parallèle dans aucun autre pays d'Europe. » En vérité
il n'existe nulle part d'organisation mutualiste

aussi puissante que celle des friendly societies, et
l'importance de ces associations s'accroît encore
chaque jour.

Il résulte du dernier rapport du chief registrar,
applicable à l'année 1899 que le nombre des membres des friendly societies est, pour le Royaume-Uni,
de 5.281.269, répartis entre 28.718 sociétés et branches de sociétés. Encore ne s'agit-il que de sociétés
enregistrées comme friendly au sens étroit du mot,
car nous verrons qu'il existe un grand nombre d'associations poursuivant des buts connexes et admises au bénéfice de l'enregistrement. D'autre part un
grand nombre de personnes bénéficient des avantages de l'association sans y être elles-mêmes affiliées ;
ce sont notamment les femmes des sociétaires.
Quant à l'importance financière de ces sociétés, elle
est tout à fait considérable et se chiffre, d'après le
rapport précité, par une somme de près de 800 millions de francs, exactement 31.676.397 £, soit 791
millions 902.925 francs.

L'origine première des friendly societies est fort
ancienne comme celle de toutes les institutions
mutualistes ; l'idée elle-même, nous l'avons vu, remonte bien loin dans l'antiquité. Mais l'évolution
proprement dite des sociétés anglaises ne s'est vraiment affirmée qu'à partir du xviiie siècle ; elle s'est
poursuivie lentement mais sans arrêt, au milieu
d'obstacles considérables. Pour donner une idée de

ces difficultés en même temps que de l'importance grandissante de ces associations, il nous suffira de rappeler que depuis 1793, douze lois et sept commissions parlementaires ont successivement remanié leur organisation, qui à l'heure actuelle paraît assise sur des bases durables, sinon définitives.

Le principe des friendly societies est intéressant à considérer ; il réside dans l'idée de mettre en commun des satisfactions matérielles ou morales, parfois même dans la célébration de certaines cérémonies religieuses. Tout récemment encore, en 1894, un article de la revue des Oddfellows (1) manifestait cette tendance «... C'est parfois le repos qui est le principe restaurateur dont on a besoin, c'est parfois aussi le plaisir. Après la journée de travail passée dans la boutique, après les heures de tension mentale passées au bureau, l'homme a besoin d'une détente ; ses facultés excédées réclament un tonique approprié. Ce sera dans les relations, dans les plaisirs de la réunion qu'on devra le rechercher... Que l'Unité de Manchester donne l'exemple. En utilisant ses éléments de sociabilité, en exploitant les talents virtuels qu'elle contient, qu'elle fasse de ses loges des centres d'édification et d'attraction ». Un certain nombre de sociétés ont d'ailleurs mis cette idée en pratique et ont organisé, par exemple, des concerts ou des conférences.

1. Cité par M. Craggs, *Les friendly societies*. Paris 1899.

De cette communauté de relations et de plaisirs devaient naître nécessairement des liens de solidarité et de la solidarité à l'assistance réciproque il n'y a qu'un pas qui fut rapidement franchi. Comme ailleurs, la première forme de cette assistance consista d'abord dans le soin presque exclusif d'assurer aux morts des funérailles convenables. Aussi les plus anciennes friendly societies, qui furent comme la cellule primitive de l'institution tout entière, existèrent-elles sous le nom de « local burial club », et eurent-elles pour but principal l'allocation d'une somme d'argent payable au décès de chaque sociétaire. Cette somme était à la fois destinée à couvrir les frais funéraires et à venir en aide à la veuve du défunt.

L'organisation de ces clubs fut d'abord tout à fait rudimentaire : on se contentait de faire au décès de chaque sociétaire une collecte ou « levy » dont le produit était remis à la famille. Ensuite vint l'habitude de constituer par avance l'allocation qui devait être remise à la veuve du sociétaire qui décéderait le premier, afin de permettre d'effectuer sans retard les dépenses du deuil. A dater de ce moment, la société a déjà un semblant d'existence, mais dès qu'elle prend un peu d'extension et que par suite les décès deviennent plus fréquents, elle risque de se trouver dans une situation fort embarrassante. La levy est alors insuffisante et on la rem-

place par une cotisation fixe ou « prenium » calculée de façon à assurer lors de chaque décès le
paiement d'une somme déterminée et invariable,
qui va généralement de 500 à 1500 francs. S'il
existe un excédent de recettes à la fin de l'année les
membres du club se le partagent. Malgré leurs progrès, les « local burial clubs » ont la plupart du
temps une existence fort limitée : si les décès augmentent dans une certaine proportion le capital est
austitôt absorbé, étant donné cette habitude de dis-
tribuer annuellement les excédents de recettes.
Mais la principale cause de décadence des local
clubs provient surtout de l'extension considérable
acquise au cours du siècle dernier par les sociétés
affiliées ou « affiliated orders » qui sont désormais
l'organe principal de la mutualité anglaise.

Les affiliated orders ont une constitution tout à
fait particulière qui ne se retrouve dans aucun autre
pays et qui donne aux friendly societies un caractère exceptionnel. Ils consistent dans une organisation hiérarchique des sociétés isolées : en bas, le
club local, au-dessus, le district, comprenant un
certain nombre de clubs ou branches, et enfin le
corps central de l'ordre composé de personnes
élues par les délégués des diverses branches qui le
composent et administré par un certain nombre de
directeurs et d'un président également élus. La société a souvent plusieurs centres d'opérations où

l'assemblée des délégués tient successivement ses assises, d'où le nom d' « Annual moveable committee » qui lui est parfois donné.

Quant aux branches, elles s'organisent librement et nomment les administrateurs du district.

Les deux, buts principaux des affiliated orders consistent : 1° à assurer à leurs membres, en cas de maladie, les soins gratuits du médecin et les médicaments, ainsi qu'un secours de chômage hebdomadaire ; 2° à payer à la veuve, au décès de chacun des membres participants, une certaine somme appelée « burial money » et destinée à couvrir les frais funéraires et à subvenir aux premiers besoins de la famille.

Les relations entre les diverses branches démontrent que les mutualistes anglais n'ont pas commis comme les nôtres la lourde faute de confondre dans le même cadre l'assurance contre la maladie et l'assurance au décès. En effet, en ce qui concerne la maladie, qui, nous l'avons vu, exige pour donner de bons résultats, une étendue restreinte et un nombre d'assurés peu considérable, les diverses branches de chaque ordre sont complètement indépendantes les unes des autres. Au contraire, pour l'assurance au décès qui demande une assiette plus large, toutes les branches d'un même district ont une responsabilité solidaire. La division territoriale de l'ordre en districts et en branches se trouve ainsi entièrement justifiée.

En dehors de ces avantages, les ordres affiliés
distribuent des secours aux veuves et aux orphelins, au moyen d'un fonds de secours destiné à augmenter le « funeral benefit » alloué par les districts
et les branches au décès des sociétaires et considéré
comme insuffisant lorsque la famille est nombreuse.
Depuis quelques années, les grands ordres ont également constitué au profit de leurs membres des
pensions de retraites, moyennant le paiement d'une
cotisation spéciale, mais ce service n'a pas encore
acquis une extension considérable. Remarquons,
en passant, qu'ici encore les sociétés anglaises évi-
tent la confusion entre les secours de maladie et la
retraite, qui est une assurance à long terme : c'est
la caisse générale de l'ordre et non celle de chaque
branche ou de chaque district qui centralise les opérations concernant la retraite.

Enfin les grands ordres possèdent des hospices et
des maisons de convalescence, créés exclusivement
pour l'usage de leurs adhérents.

Nous ne pouvons passer sous silence un précieux
avantage qui est la conséquence du mode d'organisation des ordres, c'est la possibilité pour l'ouvrier
qui change de domicile et qui vient habiter sur le
territoire d'une autre branche, de conserver tous ses
droits aux « benefits » de l'association. Deux procédés différents permettent d'arriver à ce résultat ;
le premier porte le nom de « clearance system » :

la branche à laquelle appartenait le sociétaire verse à la branche de son nouveau domicile le crédit de son compte, établi d'après les calculs des actuaires ; l'inconvénient de cette méthode est de nécessiter l'établissement d'un nouveau compte à chaque changement de résidence de l'ouvrier. Le second système, qu'on appelle « mutual agency », est beaucoup plus simple : le sociétaire continue d'appartenir à la branche de son ancien domicile, mais il paie ses cotisations à la nouvelle branche qui lui délivre les secours auxquels il a droit et qui est désintéressée de ses dépenses par la branche originaire. D'autres relations du même genre existent également entre les branches au profit des ouvriers qui voyagent à la recherche d'un emploi ; ils peuvent, sur la présentation d'une « traveling card » recevoir des secours de la branche du lieu dans lequel ils se trouvent. Voilà des exemples qu'il serait utile d'imiter chez nous, mais il faut bien reconnaître que seule une organisation aussi solide et aussi complète que celle des affiliated orders peut en permettre la généralisation.

La plupart des grands ordres assignent à leur origine une date absolument faitaisiste ; en réalité aucun ne remonte au delà du xviiie siècle et le plus ancien paraît être celui des Free gardeners, créé en 1715. Au début, tout comme les associations mutualistes de l'ancienne France que nous avons signalées, ces sociétés avaient un caractère politique et secret; d'autre part, aucune caisse régulièrement constituée au moyen de cotisations, n'assurait le service des secours.

Les ordres les plus importants et les plus connus sont: l' « Independant order of oddfellow of the Unity of Manchester », qui fut fondé en 1812 par un ouvrier maçon du nom de Beldon, l'ordre des « Foresters » ; « the National independant order of oddfellow » ; « the Rechabites Shalford Unity » ; « the Shepherds Ashton Unity » ; « the Free gardeners » ; « the Order of Druids » ; « the Sons of temperance, etc. ».

A côté des ordres affiliés proprement dits « existent quelques sociétés, surtout à Londres, qui suppriment la hiérarchic des ordres, et ne laissent subsister que des ombres de branches ou « shadow branches » ; elles « centralisent » la direction tout entière de la société, d'où leur nom de « centralized societies ». Les frais d'administration se trouvent ainsi réduits au minimum. La plus importante de ces associations est celle des « Hearts of Oak » (cœurs de chêne).

Enfin, en dehors des friendly societies telles que nous venons de les énumérer, existent certaines catégories de sociétés qui n'en revêtent pas tous les caractères essentiels, mais qui poursuivent cependant des buts à peu près analogues. Ce sont, par

exemple, les patronized societies, qui existent surtout dans le sud et l'est de l'Angleterre, et les divi-
ding societies, qui ont conservé l'usage autrefois en
pratique dans les primitifs « local Clubs » de par-
tager entre leurs membres les excédents de recettes.

Enfin, nous devons signaler une dernière classe
d'associations qui sont en quelque sorte la contre-
façon des friendly societies : ce sont les collecting
societies ; conduites par un comité de fonctionnaires
qui n'est point, en fait, soumis à l'élection, elles sont
instituées pour le seul profit des directeurs, les
frais d'administration représentant d'ailleurs près
de la moitié du montant des primes encaissées.
Elles se limitent le plus souvent à l'assurance sur la
vie et ont abandonné presque complètement le service des secours de maladie. L'âme de la société,
c'est le collecteur, agent chargé de recruter des
assurés moyennant une rémunération très élevée et
proportionnelle aux primes versées. Ce sont les ouvriers les plus misérables qui se laissent enrôler
dans les collecting societies. L'assurance contractée
est étendue souvent à la femme et aux enfants.
Les abus commis par ces associations ont été si graves et si répétés qu'on a été jusqu'à leur reprocher
d'avoir une influence directe sur l'augmentation
de la mortalité infantile provenant de la crimi-
nalité. En tout cas elles sont fort peu recommanda-

bles, et cependant, bien que très peu nombreuses,
(on n'en comptait que 39 en 1899) elles ont réussi
à recruter plus de 5 millions et demi de sociétaires ;
il est vrai qu'en revanche leur avoir total est bien
faible, puisqu'il n'est à cette époque que de
120.814.425 francs. Les friendly societies au contraire qui possèdent un nombre de membres un
peu inférieur (exactement 5.281.269 au 31 décembre 1899) ont une fortune sept fois plus considérable.

II. *Législation des friendly societies*

Le cadre de notre travail ne nous permet pas de
suivre les friendly societies dans leur évolution historique ; nous avons dit que le législateur avait maintes fois, au cours du siècle dernier, modifié leur
situation, ce qui nous obligerait à des détails beaucoup trop compliqués. Aussi avant d'examiner dans
ses grandes lignes le régime légal actuel de ces
associations, nous contenterons-nous de signaler,
dans les lois successives, les points qui ont une
relation vraiment directe avec la question qui nous
occupe, c'est-à-dire l'assurance contre la maladie.
D'ailleurs, on peut, en deux mots, résumer l'œuvre
législative qui a précédé l'organisation actuelle des
friendly societies. Au début, à des lois très libérales
en ont généralement succédé de très restrictives,

comme il arrive souvent pour une institution nouvelle qui n'a pas encore atteint son entier développement ; ensuite, la préoccupation qui reste dominante, c'est d'assurer aux friendly sociéties un équilibre financier irréprochable, et c'est vers ce but que se sont concentrés les derniers efforts du législateur.

La première loi qui réglementa les friendly societies, dont la situation avait été jusqne-là fort précaire, est le Rose act de 1793. Nombreux étaient les avantages octroyés aux sociétés qui rentraient dans la définition de la loi, c'est-à-dire toutes celles ayant pour but de « constituer au moyen de contributions volontaires de la part des membres, des fonds particuliers et de pourvoir à leur assistance mutuelle et à leur entretien, dans la maladie, la vieillesse ou l'infirmité ». Parmi les principaux privilèges accordés à ces associations, nous citerons : 1º la gratuité de l' « enrôlment » ; 2º le droit d'agir en justice sous le nom des fonctionnaires de la société, sans que la procédure soit interrompue par leur mort ou leur révocation ; 3º la faculté de régler elles-mêmes et sans appel les constestations qui pouvaient s'élever entre leurs membres ; l'exemption du droit de timbre, etc.

Nous avons donné ces quelques indications pour montrer que le législateur anglais s'est préoccupé de fort bonne heure d'encourager et de favoriser

d'une façon particulière les institutions mutualistes : il peut y avoir dans l'absence de cette sollicitude
une explication du retard de la mutualité française
sur les friendly societies. Quoi qu'il en soit, l'act
de 1793 fut accueilli avec reconnaissance par les
sociétés appelées à en bénéficier. Mais bientôt, en
présence de certaines fautes par elles commises
dans leur gestion, il fallut se préoccuper de régle-
menter plus étroitement leur organisation. Nous
citerons, en passant, comme ayant trait à notre sujet, l'act du 12 juillet 1819, qui obligeait les sociétés à faire approuver par les juges de paix les tables
des contributions et des allocations, après les avoir,
au préable, fait vérifier par un actuaire. En fait, la
loi était impraticable, car la profession d'actuaire
était alors presque inconnue. Le but était donc
manqué, mais à partir de cette époque, la préoccupation constante du législateur fut d'assurer aux
sociétés une organisation financière aussi satisfaisante que possible ; on peut dire que ses efforts sont
centralisés sur ce point. Mentionnons, en 1824, la
publication de tables de mortalité et de morbidité
dues à l'initiative privée.

Après les deux « select committee » de 1825 et
de 1827, nous voyons apparaître la loi du 19 juin
1829 qui abrogeait les acts antérieurs et obligeait
les sociétés à faire certifier leurs statuts par un
barrister, lequel devait examiner si les tables

étaient satisfaisantes. La loi édictait en outre une série de mesures destinées à réunir les matériaux indispensables à l'élaboration de tables modèles (1).

La période qui suivit l'act de 1829 fut incontestablement une ère de prospérité pour les friendly societies ; néanmoins certains abus obligèrent encore le législateur à intervenir. Ce qui attirait surtout l'attention, c'était l'absence de toutes règles mathématiques au moment de la constitution des sociétés, qui fixaient les contributions et les allocations sur les bases les plus inexactes. Aussi l'act de 1846 vint-il leur imposer l'obligation de faire vérifier leurs tables avant l'enregistrement des statuts, par l'actuaire près les Commissaires de la Dette, ou par une personne ayant été au moins cinq ans actuaire d'une compagnie d'assurances sur la vie, à Londres, à Edimbourg ou à Dublin. De plus, les sociétés devaient transmettre au registrar des statistiques quinquennales et un état de leur situation active et passive.

La loi de 1846, jugée trop restrictive, fut elle-même abrogée par l'act de 1850 ; depuis cette époque jusqu'en 1875 intervinrent plusieurs dispositions législatives contradictoires sur beaucoup de points, et dont nous retiendrons seulement l'obli-

1. Les sociétés devaient fournir tous les 5 ans des renseignements sur la mortalité et la morbidité pendant cette période.

gation pour les friendly societies de limiter à un certain taux les indemnités qu'elles promettaient à leurs membres, obligation que nous retrouverons d'ailleurs dans l'act de 1896 (1).

Avant d'examiner rapidement cette dernière loi qui constitue le régime actuel des friendly societies, nous nous bornerons à mentionner l'act de 1875, qui fut précédé d'une longue et minutieuse enquête conduite par une commission royale pendant quatre années, de 1870 à 1874. L'attention de la commission avait porté d'abord sur les agissements déplorables des collecting societies et sur la nécessité de créer une profonde séparation entre elles et les friendly; en second lieu, la commission s'était attachée à rechercher la cause des déficits constatés dans un grand nombre de ces dernières associations ; elle avait considéré que leur vice de construction commun provenait de l'incertitude des bases sur lesquelles étaient établies les contributions et les allocations, et que le remède consistait dans des prescriptions rigoureuses pour la construction des tables et la vérification périodique des opérations de la société. Les commissaires réclamaient dans ce but la création de fonctionnaires officiels ayant les qualités requises pour procéder à l'apuration des comptes et recevant des sociétés une

1. La loi de 1850 a, en outre, la première consacré l'existence légale des ordres affiliés.

certaine rémunération. Sur d'autres points, notamment sur les formalités de l'enregistrement, la commission fut partagée entre deux tendances opposées.

Le 8 juin 1874, le Chancelier de l'Echiquier déposait devant la Chambre des Communes un bill qui reproduisait la plupart des propositions de la commission royale, mais le bill, à la suite de discussions orageuses au sein du Parlement et de vives attaques de la part des friendly societies, dut être retiré en fin de session. Avant l'ouverture de la session suivante, le Chancelier reçut les députations des grands ordres qui modifièrent sur certains points son opinion et il introduisit un nouveau bill plus conforme aux desiderata des sociétés, et qui devint après de longues discussions l'act de 1875.

Ce qui avait disparu du projet de loi entre sa première et sa seconde présentation au Parlement, c'étaient surtout les dispositions relatives au contrôle de la gestion financière des sociétés ; de nouveaux abus se produisirent, provoqués surtout par les collecting societies, que la loi n'avait pas suffisamment séparées des friendly proprement dites. Aussi l'act de 1875 ne fut-il pas remanié moins de huit fois, jusqu'en 1895. Une nouvelle enquête fut ouverte en 1889, mais ce n'est qu'en 1896 que le législateur put trancher la question. Il sépara nettement les friendly societies et les collecting societies, qui firent chacune l'objet d'une loi distincte.

« Après avoir contenu et répandu le germe de toutes les formes de la coopération (surtout entre 1830 et 1870), les friendly societies achèvent leur évolution en se débarrassant des excroissances parasites qui avaient compromis leur intégrité et leur développement. Elles se sont peu à peu dégagées du chaos qu'elles avaient enfanté et fécondé, pour affecter en définitive, les caractères qui les avaient différenciées à l'origine : ceux de mutualité et d'assurance ouvrière (1) ».

II

Le grand mérite de l'act de 1896 consiste surtout dans une classification plus nette et plus précise des dispositions de l'act de 1875 et des lois successives. Avant de jeter un coup d'œil sur les règles principales posées par la nouvelle loi, nous croyons utile de dire quelques mots d'un élément fort original de la législation anglaise ; nous voulons parler du Registry office ou office de l'enregistrement.

Les friendly societies sont sous la dépendance directe du registrar, ou plutôt des registrars, car il existe un chief registrar à Londres et deux assistant registrars, l'un pour l'Irlande, à Dublin, l'autre pour l'Ecosse, à Edimbourg. L'office central de Londres

1. Craggs, *loc. cit.*

comprend en outre un personnel spécial pour les questions techniques, dirigé par un actuaire.

Le chief registrar et les assistants registrars doivent être choisis parmi les barristers qui ont été en charge pendant un certain nombre d'années.

Au point de vue administratif, le registrar examine les statuts des sociétés qui sollicitent l'enregistrement; en principe, il doit uniquement en apprécier la légalité, mais en fait il introduit toutes les corrections qui lui semblent nécessaires et il annule d'office les dispositions inutiles ou absurdes. Le refus d'enregistrement est susceptible d'un recours devant la High Court (1).

En outre, le registrar surveille la gestion des sociétés et centralise les rapports qu'elles doivent lui faire parvenir. Il fournit tous les renseignements utiles, concernant la marche et le fonctionnement des sociétés, à ceux qui lui en adressent la demande. Il prépare des statuts et des tables modèles destinés à servir de guide aux sociétés.

Dans l'ordre judiciaire, le registrar a des droits assez étendus, notamment celui d'ordonner une enquête, de décider la liquidation d'une société. Il peut en outre mettre en mouvement l'action publique en cas de malversations commises au préjudice de la société.

---

1. L'appel contre les décisions des assistant registrars est d'abord porté au premier ressort devant le chief registrar.

Au-dessus du registrar existe l'administration du Trésor, qui le guide et le contrôle.

L'enregistrement n'est nullement imposé aux sociétés mais, si elles ne le demandent pas, elles ne bénéficient d'aucune des dispositions de la loi et leur existence est des plus précaires. Pour être enregistrée, une société doit se composer au moins de sept membres. Voici l'énumération des divers buts qu'elle peut poursuivre (1) :

Secours ou entretien des

Membres :
- Pour maladie ou pour toute autre infirmité corporelle ou mentale.
- Dans la vieillesse (à partir de 50 ans).
- Dans le veuvage.
- Au cours des voyages pour chercher un emploi.
- Dans des circonstances nécessiteuses.
- En cas de naufrage.
- En cas de perte ou avarie des bateaux ou filets.

Maris
Femmes
Enfants
Pères
Mères
Frères ou sœurs
Neveux ou nièces
Pupilles orphelins
Enfants orphelins

des membres :
- Pour cause de maladie ou toute autre infirmité corporelle ou mentale.
- Dans la vieillesse (à partir de 50 ans).
- Dans le veuvage.
- Pendant leur minorité.

1. Nous empruntons cette classification à l'ouvrage de M. Craggs, *loc. cit.*

Assurance d'une somme d'argent payable :

1° A la naissance de l'enfant d'un membre ;
2° A la mort d'un membre ;

3° Pour les frais des funérailles { du mari / de la femme } d'un membre ; / de l'enfant / de la veuve d'un membre décédé ;

4° Pendant la période du deuil, en ce qui concerne les personnes de la religion israélite.

Assurance contre l'incendie quant aux outils et instruments du commerce et de la profession d'un membre.

Dotation des membres et des nominees des membres (1).

L'action des friendly societies s'étend donc à tous les objets de l'assurance ouvrière sans exception, sauf le chômage pur et simple. Il était intéressant pour nous de donner cette énumération, car nous verrons tout à l'heure la part prépondérante que représente dans l'ensemble l'assurance contre la maladie.

Au point de vue des indemnités, la loi fixe un maximum : 200 £ (5.000 francs) s'il s'agit d'un capital, et 50 £ (1.250 francs) s'il s'agit d'une annuité. Nous sommes loin des limites trop étroites

1. Les friendly societies peuvent également consentir des prêts à leurs membres, soit sur le montant de leur assurance sur la vie, soit sur un fonds spécial (distress fund).

fixées par la loi du 1er avril 1898, qui interdit l'assurance d'un capital supérieur à 3.000 francs et d'une rente supérieure à 360 francs. Toute société doit exiger de ses membres une déclaration d'où il résulte qu'ils ne sont point admis à plusieurs sociétés ou branches pour des sommes dépassant la limite fixée.

En ce qui concerne les ordres affiliés, l'act de 1896 renouvelle en leur faveur l'exception déjà créée par l'act de 1846, grâce à laquelle ils échappent aux dispositions des corresponding societies acts, qui interdisaient toute union, toute fédération entre des associations de même catégorie. La loi conserve cependant certaines précautions ; de plus, le bénéfice de l'exception s'applique exclusivement aux ordres enregistrés. La demande d'enregistrement d'un ordre doit contenir l'indication de toutes ses branches. Chaque branche relève du corps central et contribue à son fonds commun, mais elle doit posséder des fonds propres qu'elle gère directement ; une branche peut venir au secours des membres d'une autre branche dans les conditions déterminées par les statuts de la société mère.

A un autre point de vue, la loi de 1896 a innové, en facilitant l'accès des sociétés aux militaires, aux mineurs et aux femmes ; enfin elle a consacré une tradition fort ancienne qui consistait de la part d'un membre d'une friendly society à nommer une per-

sonne appelée nominee, à laquelle devait être remis
à sa mort le solde créditeur de son compte jusqu'à
concurrence de 100 £ (2.500 francs).

La situation des friendly societies, au point de
vue de leur capacité civile, est assez singulière ; la
loi ne leur a pas conféré directement la qualité de
personnes morales, aussi ont-elles recours à un système très particulier : elles agissent par l'intermédiaire de personnes de confiance appelées trustees,
qui s'obligent en leur propre nom. Mais, en fait, le
législateur, par le soin qu'il a pris de régler minu-
tieusement les fonctions des trustees en considéra-
tion de la destination des sociétés, démontre bien
qu'il les considère seulement comme les représentants de ces associations : or, ils ne peuvent représenter quelque chose d'inexistant ; il faut donc en
venir à reconnaître qu'en fait les friendly societies
enregistrées jouissent de la personnalité civile. Les
trustees possèdent des pouvoirs d'administration
considérable, mais ils ne doivent point avoir le ma-
niement des deniers, qui appartient à des trésoriers.

Au point de vue financier, les sociétés jouissent
de prérogatives très étendues. Elles ont le droit,
sous le nom de trustees, d'acheter et de louer des
immeubles, de les vendre, de les échanger, de les
hypothéquer, de les donner à bail. Elles peuvent
également placer leurs fonds aux Caisses d'épargne, dans les fonds publics, ou encore à la Banque

d'Angleterre, au compte des Commissaires pour la réduction de la Dette nationale. Pour ce dernier placement, le taux de l'intérêt servi aux sociétés dépend de la date d'ouverture de leur compte. L'Etat n'a pas voulu continuer à servir un intérêt fixe, supérieur à l'intérêt courant, dont la diminution s'accentue tous les jours. Aussi voit-on le taux varier entre 4,11 0/0, pour les dépôts remontant à 1828, et 2,15 0/0 pour ceux qui sont postérieurs au 1ᵉʳ janvier 1896. C'est là une utile précaution qui n'a d'ailleurs nui en rien à l'essor des sociétés et que nous eussions vivement souhaité de voir adopter à l'égard de nos sociétés de secours mutuels, au lieu du taux beaucoup trop élevé de 4 1/2 0/0.

Parmi les autres prérogatives dont bénéficient les friendly societies, nous rappellerons l'exemption du droit de timbre (qui remonte au « Rose act » de 1793 mais qui est aujourd'hui fort étendue), et le droit d'arbitrage qui leur permet de trancher elles-mêmes les difficultés qui peuvent s'élever dans leur sein.

En échange de ces avantages, elles sont soumises à un certain nombre d'obligations dont les plus importantes sont d'ordre purement financier :

1° L'apurement annuel des comptes par des officiers publics spéciaux ou des personnes désignées par les statuts (1).

1. Elles ne peuvent être en aucun cas fonctionnaires ou comptables de la société.

2° La rédaction d'un rapport annuel qui doit être envoyé au « registrar » avant le 31 mai de chaque année ; il contient l'état des recettes et des dépenses afférant à chacun des objets de la société et celui des fonds et effets tels qu'ils résultent de l'apurement.

3° La vérification des opérations sociales tous les cinq ans. Elle est faite soit par un officier public spécial, soit par un actuaire que nomme le « registrar », soit enfin par une personne désignée par la société. Cette vérification a surtout pour but de permettre de rectifier les calculs qui servent de base aux opérations sociales et d'augmenter en cas de besoin les cotisations ou de réduire les secours. Le « registrar » a le droit de suspendre une société qui ne procède pas régulièrement à cette opération. Afin que les sociétaires puissent se rendre compte de la situation financière de l'association, un extrait de la dernière vérification quinquennale doit rester constamment affiché au siège de la société : tout membre a d'ailleurs le droit d'obtenir communication des livres de comptabilité. Enfin, dans certains cas, bien que le « registrar » ne puisse de lui même intervenir dans la gestion des « friendly societies », il suffit qu'un certain nombre (1) de membres le

---

1. Ce nombre est déterminé de la façon suivante :

1/5 du total pour les sociétés n'ayant pas plus de 1.000 membres.

sollicitent d'agir pour qu'il lui soit possible d'exercer de larges attributions. Il peut nommer un ou plusieurs « inspecteurs » avec mission d'examiner l'état des affaires sociales et de dresser un rapport, ou bien convoquer les sociétaires à une assemblée générale extraordinaire. L'inspecteur ainsi désigné a des pouvoirs très étendus, il a le droit de se faire communiquer tous les livres de la société et d'entendre sous serment toutes les personnes dont il peut croire la déposition utile à son enquête. Le refus de produire les livres et considéré comme un délit.

Toutes ces dispositions nous paraissent absolument précieuses et nous regrettons vivement que notre loi du 1ᵉʳ avril 1898 n'ait posé aucune règle équivalente, car, nous n'hésitons pas à répéter que ce qui nous paraît avant tout devoir éveiller l'attention et la sollicitude des pouvoirs publics, c'est l'organisation financière des sociétés de secours mutuels, et c'est précisément ce dont en France on s'est le moins préoccupé.

Pour les règles qui concernent la dissolution des « friendly societies », nous nous contenterons de renvoyer au texte de l'act de 1896 ; nous dirons seulement un mot de l'annulation et de la suspension

100 membres pour les sociétés de 1.000 à 10.000 membres.
500 — — ayant plus de 10.000 membres.

de l'enregistrement. L'annulation peut être volontaire ou forcée ; la suspension au contraire est toujours un acte de coërcition de la part du « registrar », dans les cas suivants : 1° lorsque l'objet de la société est illicite ; 2° lorsque l'enregistrement a été obtenu frauduleusement ; 3° lorsqu'une société, avertie qu'elle avait commis une infraction à la loi, refuse de s'y conformer. La suspension est de trois mois au maximum, mais elle peut être renouvelée pour le même laps de temps. Les conséquences de la suspension et de l'annulation sont très graves : les sociétés qui en sont l'objet perdent *ipso facto* tous les avantages auxquels elles avaient droit, mais elles restent tenues de toutes leurs obligations.

Les pénalités édictées par l'act de 1896 sont très sévères. Tout délit imputable à une société est réputé avoir été commis par ses administrateurs responsables à moins qu'ils ne prouvent l'avoir ignoré ou avoir fait tout le possible pour l'éviter. Les peines varient de 5 £ d'amende à trois mois de prison avec ou sans « hard labour ».

III

Voyons maintenant quel développement ont atteint les « friendly societies » sous l'empire de la législation dont nous venons de donner un rapide aperçu.

Au 31 décembre 1898, les « friendly societies »
étaient au nombre considérable de 28.718. Déjà en
1857 le « registrar » pouvait écrire : « Chaque village,
chaque hameau de l'Angleterre et du pays de Galles
possède sa « friendly society », tandis que les
grandes villes les comptent par centaines ». Notons
en passant que le chiffre de 28.718 comprend toutes
les branches des grands ordres affiliés, lesquelles
doivent être enregistrées séparément. Le nombre
des membres s'élevait à la même époque à 5.281.269
et l'avoir total à la somme énorme de 31.676.397 £,
soit 791,909.925 fr.

De pareils chiffres se passent de commentaires et
suffisent à montrer la distance qui sépare la mutualité française de la mutualité anglaise.

Les deux tableaux synoptiques suivants indiquent
les opérations, pendant l'année 1899 des quatorze
ordres affiliés les plus importants. Le tableau A
indique le nombre des membres, l'avoir total. les
recettes de l'année, le montant des secours de maladie, etc., avec les moyennes pour chaque membre.
Le tableau B est destiné à montrer quelle est la
proportion entre les recettes et les dépenses et entre
les diverses dépenses entre elles (1).

1. Ces tableaux ont été construits par nous au moyen d'éléments tirés du *Seventh annual abstract of Labour statistics of the
United Kingdom*, publié par les soins du ministre du commerce
anglais en 1901. Nous n'avons pu nous procurer des rensei-

1899	Manchester oddfellow Unity	A.O. Foresters	Hearts of Oak	I.O. Rechabits Shalford Unity	I.O.A. Shepherds Ashton Unity	Rational association	[illegible]	[illegible]
Membres........	724.593	659.507	239.075	130.201	118.338	88.336	[illegible]	[illegible]
	fr.	fr.	fr.	fr.	fr.	fr.	[illegible]	[illegible]
Recette de l'année	33.999.825	32.549.050	13.560.175	5.258.025	4.460.850	3.155.925	[illegible]	[illegible]
Moyenne par membre.......	46 92	49 36	56 70	48	37 77	35 70	[illegible]	[illegible]
Total des fonds..	220.053.350	143.678.225	54.379.300	20.641.850	15.035.475	8.602.025	[illegible]	[illegible]
Moyenne par membre.......	303	218	228	158	127	98	[illegible]	[illegible]
Secours de toutes sortes	19.824.075	20.717.825	9.029.725	3.830.350	2.920.450	2.229.625	[illegible]	[illegible]
Moyenne par membre.......	27 36	31 45	37 76	29 40	24 57	25 94	[illegible]	[illegible]
Frais de maladie.	15.517.800	14.395.925	6.524.175	2.515.800	1.987.950	1.561.525	[illegible]	[illegible]
Moyenne des frais de maladie	21 41	21 83	27 29	19 32	16 78	17 67	[illegible]	[illegible]
Frais funéraires.	3.195.175	3.304.125	1.282.025	337.750	543.650	381.275	[illegible]	[illegible]
Moyenne des frais funéraires	4 41	5 01	5 36	2 59	4 84	3 03	[illegible]	[illegible]

1899	U.A.O. Druids	The order of Druids	B.O.A. free gardeners	Nottingham order of oddfell.	The son of temperance	National deposit. fr. soc.	Totaux et moyennes générales
Membres........	46.858	58.814	44.388	41.842	46.443	45.804	9.367.220
	fr.	fr.	fr.	fr.	fr.	fr.	fr.
Recette de l'année	1.616.125	1.908.250	1.790.775	»	1.594.000	2.117.800	105.686.395
Moyenne par membre.......	34 48	32 44	38 78	»	34 32	46 23	44 64
Total des fonds..	5.376.325	3.267.450	3.528.800	5.163.100	4.894.450	4.982.325	501.548.375
Moyenne par membre.......	144	55	79	123	105	108	211
Secours de toutes sortes	1.113.150	1.434.700	904.725	1.052.050	902.400	373.500	67.787.575
Moyenne par membre.......	23 75	24 39	23 76	25 14	19 43	8 15	28 61
Frais de maladie.	739.925	1.000.700	793.125	764.375	785.325	337.025	48.857.600
Moyenne des frais de maladie	15 77	17 01	16 29	18 26	16 95	7 36	20 64
Frais funéraires.	199.775	258.675	139.625	267.675	99.050	13.750	10.592.825
Moyenne des frais funéraires	3 26	4 39	3 14	6 87	2 13	0 30	4 48

Dès le premier coup d'œil, le tableau A nous révèle l'énorme puissance des grands ordres. Nous sommes loin en France de ces gigantesques associations qui réunissent sous une même direction des

gnements plus étendus ; il convient d'ailleurs de remarquer qu'une statistique plus générale ne modifierait pas sensiblement ces résultats étant donné l'importance des grands ordres qui absorbent presque toute l'activité mutualiste de l'Angleterre.

centaines de milliers d'individus, qui encaissent chaque année des dizaines de millions et distribuent à leurs adhérents jusqu'à vingt millions en secours de toutes sortes. L'Unité de Manchester avec son avoir de 220 millions représente presque la fortune totale de nos sociétés de secours mutuels qui atteint à peine 250 millions !

Si nous examinons les secours alloués, nous constatons que malgré l'étendue si vaste du champ d'ac-

TANTIÈME 0/0	Manch. oddfellow	A.O. Foresters	Hearts of Oak	I.O. Rechabites Shalford unity	I.O.A. Shephers Asthon unity	Rational Association	National independant oddfellow	N.U.O. free gardeners	U.A.O. Druids	The order of Druids	B.O.A. free gardeners	Nottingham order of oddfellow	The son of temperance	National deposit fr. soc.	Moyenne générale du tantième
	0/0	0/0	0/0	0/0	0/0	0/0	0/0	0/0	0/0	0/0	0/0	0/0	0/0	0/0	0/0
1° Tantième des secours de toutes sortes par rapport aux recettes de l'année.......	58	63	66	61	63	70	81	81	68	74	61	»	56	17	64
2° Tantième des secours de maladie par rapport aux recettes de l'an-née..........	45	44	48	40	44	49	60	48	45	51	41	»	40	15	46
3° Tantième des secours de maladie par rapport aux secours de toutes sortes..	78	69	72	65	68	70	73	52	66	69	68	72	87	90	72
4° Tantième des secours funéraires par rapport aux secours de toutes sortes.....	1,6	1,5	1,4	0,8	1,0	1,4	2,7	1,2	1,3	1,7	1,3	2,7	1	0,3	1,5

tion des friendly societies, c'est encore l'assurance contre la maladie qui tient de beaucoup le premier rang ; elle ne représente il est vrai que 46 0/0 environ des recettes, mais il ne faut pas oublier qu'une grande partie de ces recettes provient des intérêts capitalisés de l'avoir social, qui sont reversés au fonds de réserve pour l'augmenter sans cesse ; c'est ainsi que nous voyons les secours de toutes sortes représenter en moyenne à peine 64 0/0 du montant des recettes.

Ce qui fait en revanche apparaître clairement la part de la maladie dans les dépenses des friendly societies, c'est le chiffre de 72 0/0 qui représente le montant des secours de maladie par rapport aux secours de toutes sortes ; dans quelques ordres comme « The son of temperance » et « the national deposit friendly societies », ils atteignent même une proportion de 90 0/0. De ces constatations résulte pour nous la certitude que la mutualité anglaise comprend que son véritable rôle est d'assurer avant tout une réparation complète du risque de maladie : aussi voyons-nous les dépenses occasionnées de ce chef représenter en moyenne une somme de 20 fr. 64 par sociétaire, tandis qu'en France elles ne représentent que 15 fr. 14 par membre participant soit plus d'un quart au moins. D'autre part, nous pouvons constater que les secours funéraires qui, après la maladie tiennent le premier rang dans les friendly societies, figurent seulement dans le total des secours avec la modeste proportion de 1,5 0/0. Voilà encore une remarque qui démontre jusqu'à l'évidence la place prépondérante réservée à l'assurance contre la maladie.

IV

C'est bien là d'ailleurs, nous ne saurions trop le répéter, le domaine propre des sociétés de secours mutuels, aussi ne serons-nous pas surpris de constater les prodigieux effets du développement de la mutualité anglaise sur la prospérité générale du pays. Il n'entre pas dans le cadre de notre sujet de justifier cette affirmation, mais il nous suffira pour en donner une idée d'indiquer que la diminution considérable du paupérisme en Angleterre depuis les cinquante dernières années est attribuée à l'influence et au développement des friendly societies. En 1849, la proportion des pauvres secourus par les paroisses était par rapport à la population de 62,7 0/0. En 1892 cette proportion n'était plus que de 25,6 0/0.

En moins de cinquante ans, le nombre des personnes qui avaient eu recours à l'assistance paroissiale était tombé de 1.088.659 à 744.757, et cependant la population avait considérablement augmenté. Or c'est pendant cette même période que les friendly societies avaient accompli leurs plus grands progrès. Il est possible d'ailleurs de citer des exemples positifs à l'appui de cette affirmation : d'après M. Stead, secrétaire de l'ordre des Foresters, 490 membres seulement sur 526.000 avaient dans une période de 5 ans demandé des secours à leur paroisse ; ce n'était même pas 100 par an !

Si les friendly societies ont eu un rôle bienfaisant au point de vue social, il n'est pas moins incontestable qu'elles ont eu une heureuse influence sur le développement économique de l'Angleterre en couvrant efficacement les principaux risques qui menacent l'ouvrier et en protégeant ainsi le travail c'est-à-dire la source même du capital. Enfin, au point de vue politique, les grands ordres ont initié l'ouvrier aux questions d'administration financière et d'organisation collective. Avec leur corps électoral, leur pouvoir législatif et leur pouvoir exécutif, avec leur régime représentatif, ils rappellent en effet l'organisation de l'Etat. « Les friendly societies ont canalisé les préoccupations politiques des masses en des voies où leur activité pouvait s'exercer sans danger pour l'ordre public... Elles ont été l'école du citoyen » (1).

Eh bien ! malgré tant de bienfaits de toutes sortes, les friendly societies n'ont pas échappé à

1. Craggs. *Loc cit.*

un double reproche ; on a dit : 1° que leur utilité ne
s'étendait pas au-delà d'une certaine élite ouvrière ;
2° qu'elles ne réussissaient pas à protéger leurs propres membres contre l'indigence dans la vieillesse.
Le premier de ces reproches surtout nous paraît
grave, et malheureusement bien fondé. En effet,
malgré leur effectif considérable de plus de cinq
millions de membres, les friendly societies laissent
en dehors de leur bienfaisante action la majorité de
la population ouvrière. Et ceux qui restent exposés
à tous les risques, ce sont justement les plus misérables, les plus nécessiteux, ceux qui n'ont pas de
travail stable, et qui ont, plus que les autres encore,
besoin d'être protégés !

Aussi, sous l'influence de développement des
idées d'intervention de l'Etat en faveur de la classe
ouvrière, plusieurs tentatives d'organisation étatiste
des friendly societies se sont-elles produites au cours
des vingt-cinq dernières années. L'opinion publique
était d'ailleurs impressionnée par l'échec de plusieurs sociétés qui avaient voulu organiser un service de pensions de retraite, en accordant des
secours prélevés sur le sick fund (fonds de maladie);
notons en passant que voilà pour nos mutualistes
un précieux enseignement.

Dès 1878, le Rév. Blackley publiait un projet d'assurance obligatoire. Aux termes de ce projet, toute
personne qui aurait pu épargner une somme de

10 £ entre 18 et 20 ans aurait eu droit à une allocation hebdomadaire de 8 shillings en cas de maladie et à une pension de retraite de 4 shillings par semaine à partir de 70 ans. Ce projet reposait sur des bases à peu près fantaisistes. En 1887 fut nommée une commission de la Chambre des communes qui examina la proposition et déposa un rapport qui ne contenait aucune solution définitive.

Mais la question fut bientôt reprise : un membre du Parlement, M. Booth proposa de pensionner tout le monde en Angleterre à partir de 65 ans. Il aurait fallu une somme de 17.000.000 de £ par an, qui eût été obtenue au moyen de l'impôt sur le revenu. C'était impraticable.

Un autre projet émané de M. Fatkins, parut en 1891 ; il consistait dans une assurance municipale et volontaire qui ne présentait aucun avantage supérieur à ceux qui étaient offerts par les friendly societies ; le projet n'avait donc guère la chance de réussir là où elles avaient échoué,

En 1891 également, M. Chamberlain déposait un premier projet en faveur des « states pensions. » Comme il s'agit uniquement de pensions de retraites, nous n'avons pas à examiner le mérite de cette nouvelle proposition qui fut discutée devant la chambre des communes. Il nous paraît seulement intéressant de constater l'opposition à toute idée d'assurance obligatoire qui se manifesta très nettement de la part de la classe ouvrière anglaise à l'occasion de ce projet. Sur une nouvelle tentative de M. Chamberlain, une commission nommée en 1895 par la Chambre des communes déposa son rapport en 1898 et se déclara hostile à toute innovation. Les conclusions du rapport sont surtout basées sur le développement sans cesse grandissant des friendly societies et sur l'idée qu'elles seules peuvent réussir en matière d'assurance ouvrière, parce qu'elles se trouvent placées dans les conditions les plus favorables.

L'assurance obligatoire paraît donc pour longtemps éloignée de l'Angleterre : est-ce à dire qu'elle ne s'y implantera jamais ? Il serait peut-être bien téméraire de l'affirmer. Ce qui est constant à l'heure actuelle, c'est que la grande majorité du peuple anglais est en quelque sorte, par tempérament, profondément hostile à cette idée ; on conçoit à merveille que les principes de l'*habeas corpus* et du self-government ne puissent aisément s'allier aux rigueurs de l'assurance obligatoire. D'autre part, il est bien certain que nulle part la mutualité n'est arrivée à un succès comparable à celui des friendly societies et cependant la majeure partie des travailleurs anglais se trouvent encore à la merci de tous les risques qui les menacent.

Que devons-nous conclure de cette insuffisance de la mutualité libre sur le terrain qui lui semblait

le plus favorable pour atteindre son plein épanouissement ? Est-il juste que le plus grand nombre se trouve ainsi sacrifié? Il semble que la réponse
se fasse d'elle-même, mais nous ne voulons point
anticiper sur notre conclusion et avant d'y arriver,
nous allons voir ce qui se passe chez une grande
nation voisine qui, depuis près de vingt ans, a mis
en pratique le principe de l'assurance ouvrière obligatoire.

CHAPITRE IX

L'ASSURANCE OBLIGATOIRE CONTRE LA MALADIE

EN ALLEMAGNE

I. *Origines de l'assurance obligatoire en Allemagne.* —
II. *Lois de 1883 et de 1892 sur l'assurance obligatoire
contre la maladie. Organisation et fonctionnement des
caisses de maladie.*

I

Le principe de l'assurance obligatoire en Allemagne a une origine fort curieuse ; depuis des siècles
les communes étaient comme en Angleterre obligées
de nourrir leurs pauvres ; avec l'aide des anciennes
corporations qui distribuaient des secours à leurs
membres, elles suffirent assez facilement à leur
tâche ; mais lorsqu'au cours du siècle dernier l'ap-
parition de la grande industrie eut créé un abîme
entre le patron et l'ouvrier et augmenté considérablement la misère des classes ouvrières, les ressources des communes devinrent insuffisantes.

C'est alors qu'intervint en Prusse la loi du 17 janvier 1845 modifiée en 1869, qui autorisa les communes à obliger les ouvriers de leur circonscription
à faire partie d'une caisse de secours. Cette disposition fut étendue à l'Empire allemand par la loi du
8 avril 1876. En fait peu de communes usèrent de
cette faculté (il n'y en avait que 360 en 1881), mais
le principe de l'assurance obligatoire avait pénétré
ainsi dans la législation.

D'autre part, la Prusse institua également de fort
bonne heure des caisses de secours obligatoires en
faveur des ouvriers des mines, carrières et salines.
La loi du 10 avril 1854, modifiée en 1865, obligeait
tout propriétaire de mines, carrières ou salines à
créer une caisse de secours à laquelle étaient tenus
de s'affilier les mineurs proprement dits ; les ouvriers travaillant au jour pouvaient en faire partie
à titre facultatif. Voilà donc déjà posée la distinction
entre les personnes obligées à l'assurance et les assurés volontaires. La caisse était alimentée par les
cotisations, en principe égales, des propriétaires de
mines et des ouvriers.

A côté de ces curieux antécédents législatifs, il
convient de signaler le grand mouvement d'idées
qui dans les trente dernières années a poussé l'Allemagne à la généralisation de l'assurance obligatoire.

Les économistes allemands, en opposition avec

la doctrine physiocratique et la maxime : Laissez faire, laissez passer, » avaient déjà affirmé les premiers au commencement du XIX⁰ siècle, la nécessité pour les pouvoirs publics de se préoccuper avant tout d'améliorer le sort de la classe ouvrière et de la protéger contre les misères qui l'accablent. Certains d'entre eux, notamment Wagner, n'hésitent pas à déclarer que, pour résoudre la question, il faudrait imposer les bienfaits de l'assurance lorsque l'ignorance et l'imprévoyance du plus grand nombre rend l'assurance volontaire insuffisante, et ils affirment que c'est le devoir de l'Etat d'agir ainsi, non-seulement à l'égard de ceux qui profitent de son intervention, mais vis-à-vis de la société tout entière. Il est intéressant de remarquer que c'est la constatation de l'imprévoyance innée de l'ouvrier qui détermine ces auteurs à préconiser le principe de l'obligation, qu'ils considèrent comme le seul remède possible à l'état de choses existant ; ce ne sont donc nullement des à prioristes.

L'assurance obligatoire a trouvé un autre point d'appui dans les traditions de la monarchie prussienne qui s'étayait plus volontiers sur la classe populaire que sur la classe moyenne. Les historiens et les écrivains politiques allemands constatent tous cette tendance de la dynastie des Hohenzollern et l'encouragent de la façon la plus vive à y persévérer. C'est la royauté, disent-ils, qui doit provoquer les réformes sociales et protéger le peuple contre ses misères ; voilà le seul moyen d'enrayer le mal socialiste.

A côté de ces influences, il ne faut pas négliger un autre élément fort important qui a poussé l'Allemagne à entrer résolument dans la voie de l'assurance obligatoire, c'est le sentiment chrétien. D'ailleurs si cette idée a pu avoir en Allemagne son influence plus grande que partout ailleurs, il est intéressant de constater, comme l'a fait M. Jay (1), qu'elle a mené le mouvement qui partout s'accentue en faveur de la protection de la classe ouvrière : « La reconnaissance du droit à l'existence de tous les hommes, la conviction que dans une juste et saine organisation sociale, le travail doit, dans les conditions normales, garantir le droit à l'existence du travailleur, ce sont là les idées maîtresses qui dominent, en réalité, le mouvement qui va développant chez les peuples civilisés la pratique et les institutions de l'assurance ouvrière ; idées souvent incomprises, méconnues, même ouvertement et expressément reniées, mais qui n'en apparaissent pas moins, à l'observateur attentif, comme les véritables inspiratrices et directrices de tout le mouvement.

« Le droit à l'existence de tous les hommes est

---

1. Jay, *L'assurance ouvrière obligatoire*, Paris, 1899.

une conception d'origine chrétienne. Les théologiens ont tiré de la reconnaissance de ce droit une conséquence remarquable qui montre bien l'importance qu'ils y attachent. Ils admettent en effet que, dans le cas d'extrême nécessité, le malheureux qui meurt de faim a le droit de prendre partout où il le trouvera, ce qui est indispensable à son existence. Le droit du malheureux à ne pas mourir de faim étant un droit immédiatement naturel, supérieur au droit du riche à la propriété de tels objets déterminés.

« Le sentiment du caractère sacré de ce droit à l'existence a profondément pénétré l'âme des peuples chrétiens. Ils n'ont pas tous expressément proclamé le droit à l'assistance légale. La législation française notamment, ne contient pas encore d'affirmation générale de ce droit, mais peu importe, en réalité. En France, pas plus que dans aucun autre pays chrétien, l'opinion publique ne supporterait que les autorités publiques prévenues, laissassent délibérément un homme, quel qu'il fût, mourir de froid et de faim...

« Mais en même temps qu'elle affirme le droit à l'existence, la conscience publique reconnaît chaque jour plus nettement que dans une juste et bonne organisation sociale, c'est au travail qu'il appartient d'assurer le droit à l'existence du travailleur et de sa famille, et cela non seulement aux époques

de travail productif, mais aussi aux périodes critiques, ou lorsque l'infirmité ou la vieillesse ont condamné l'ouvrier à l'inaction définitive ».

Les divers éléments que nous venons d'analyser
se retrouvent tous en la personne du prince de Bis-
mark qui fut parmi les premiers et les plus ardents
promoteurs de l'assurance obligatoire ; c'est également sous cette inspiration que fut conçu le célèbre
message où l'Empereur Guillaume Ier exposa son
plan. Etant donné la valeur de ce document, nous
n'hésitons pas à le reproduire *in extenso*:

« Nous considérons, disait le souverain, qu'il
est de notre devoir impérial de demander de nouveau au Reischtag de prendre à cœur le bien des
ouvriers et nous pourrions regarder avec une satisfaction bien plus complète toutes les œuvres que
notre gouvernement a pu réaliser, avec l'aide de
Dieu, si nous pouvions acquérir la certitude que
nous laisserions après nous à la Patrie une garantie
nouvelle et durable qui assurerait la paix intérieure
et donnerait à ceux qui souffrent l'assistance à
laquelle ils ont droit. Dans les efforts que nous diri-
geons à cet effet, nous sommes certains de l'assen-
timent de tous les gouvernements confédérés, et
nous comptons sur l'appui du Reichstag sans distinction aucune de partis. C'est dans ce sens qu'un
projet de loi sur l'assurance des ouvriers contre les
accidents du travail est en préparation. Le projet

sera complété par un autre projet de loi dont le but sera d'organiser d'une façon uniforme les caisses de secours en cas de maladie. Mais ceux-là aussi que l'âge ou l'invalidité ont rendu incapables de pourvoir au gain quotidien ont droit à plus de sollicitude que ne leur en a accordé jusqu'ici la société. Trouver les véritables voies et moyens pour rendre cette sollicitude effective est une tâche difficile, il est vrai, mais essentielle de tout Etat qui est fondé sur les bases morales d'une vie publique chrétienne. C'est par une union étroite avec les forces réelles de cette vie et par l'organisation de ces forces sous la forme d'associations corporatives placées sous la surveillance de l'Etat et jouissant de sa sollicitude qu'il sera possible, nous l'espérons, de remplir une tâche à laquelle le seul pouvoir de l'Etat ne pourrait satisfaire dans la même mesure (1). »

Les projets de loi sur l'assurance contre la maladie et contre les accidents furent les premiers présentés au Reichstag et firent l'objet de longs débats pendant les années 1881 et 1882. La première votée fut celle qui concernait l'assurance contre la maladie, bien que dans le plan primitif du Gouvernement elle ne dût venir qu'au second rang ; promulguée le 15 juin 1883, elle entra en vigueur le 1er décembre

1. Nous empruntons cette traduction à l'intéressant ouvrage de M. G. de St-Aubert sur l'assurance contre l'invalidité et la vieillesse en Allemagne, Paris, 1900.

1884. Un an après, le 6 juin 1884, était publiée la loi sur l'assurance contre les accidents, qui entrait en vigueur le 1er octobre 1885. Enfin après de longues études préparatoires et d'ardentes discussions, le Reichstag votait le 24 mai 1889 à une majorité de 20 voix seulement, le projet sur l'assurance contre l'invalidité et la vieillesse. La loi, promulguée le 22 juin 1889 fut modifiée après de nouveaux travaux par celle du 15 juin 1899, qui fut adoptée cette fois à l'unanimité moins 3 voix (1). Le réseau des assurances ouvrières se trouvait ainsi définitivement constitué. En dehors de toute opinion sur l'opportunité de l'assurance obligatoire, il faut admirer la prudence et la ténacité avec lesquelles le Gouvernement allemand a su réaliser une œuvre si difficile en si peu d'années.

II

La loi du 15 juin 1883 sur l'assurance contre la maladie fut complétée par celle du 1er juin 1884 qui régularisa le régime des caisses libres préexistantes. Une seconde loi du 28 mars 1885 a étendu le bénéfice de l'assurance à diverses catégories d'ouvriers ; une loi du 5 mai 1886 a trait aux ouvriers agricoles

1. Nous omettons à dessein les diverses lois qui ont modifié celle de 1883 sur l'assurance contre la maladie et dont nons allons avoir à reparler.

et forestiers. Enfin un projet de loi modifiant la loi de 1883 et présenté au Reichstag le 22 novembre 1890, a abouti à la loi votée le 10 avril 1892.

Avant d'analyser ces diverses lois dans leurs grandes lignes, il nous semble préférable pour la clarté de notre exposé, de rappeler les principes qui ont présidé à l'organisation de l'assurance obligatoire contre la maladie. Le législateur allemand a pensé que les organes de l'assurance devaient être institués de façon à permettre à l'assuré malade de recevoir des soins immédiats et à rendre également possible une surveillance sérieuse afin d'éviter les simulations : la combinaison qui a paru la meilleure, c'est la création de groupements locaux et professionnels dont la direction serait confiée aux intéressés eux-mêmes sous la surveillance de l'administration. En outre ces organes doivent être absolument distincts de toute autre assurance, à cause des exigences spéciales de l'assurance contre la maladie,

D'autre part, le principe de l'obligation entraîne à la fois la participation de l'assuré et du patron : il faut, en effet, une participation de l'ouvrier, sinon il n'y aurait plus assurance, mais assistance, et la contribution du patron se justifie également en faveur de celui dont les forces s'usent à son service.

En ce qui concerne l'étude de l'assurance, on a

estimé que l'obligation devait exister pour certaines catégories d'ouvriers, principalement les ouvriers d'industrie, et rester facultatives pour les autres. Enfin l'ouvrier a le droit, en principe, de choisir la caisse à laquelle il s'assurera.

Restait encore à résoudre une grosse difficulté : par qui seraient administrées les caisses de maladie? la loi s'est sagement décidée par une participation commune des patrons et des ouvriers et a ainsi évité le reproche adressé à la loi de 1884 sur les accidents, qui exclut les ouvriers de toute participation à l'administration de la caisse.

Nous allons étudier les principales dispositions de la loi de 1883, en adoptant un ordre qui nous paraît plus logique et plus clair que l'examen successif des articles. Nous indiquerons en passant les points importants que la loi de 1892 a modifiés.

§ Ier. — Etendue de l'assurance. Assurance obligatoire. Assurance facultative. Exclusion de l'assurance.

I. *Assurance obligatoire*

Aux termes de l'art. 1er de la loi de 1883 et des art. 1er et 15 de la loi de 1885 :

Sont obligées de s'assurer contre la maladie les personnes occupées moyennant un traitement ou salaire.

1° Dans les mines, salines, ateliers de réparation mécanique, carrières et fosses, travaux de dragage, chantiers de constructions navales, constructions de toute nature et fabriques.

2° Dans les métiers et entreprises permanentes d'un caractère industriel ;

3° Dans les établissements où il est fait un usage permanent d'une chaudière ou d'un moteur actionné par une force élémentaire (vent, eau, vapeur, gaz, air chaud).

4° Dans l'exploitation technique des postes, des télégraphes et des chemins de fer, dans les travaux techniques des établissements de la guerre et de la marine ;

5° Dans les entreprises de transport d'un caractère industriel (chemins de fer, navigation intérieure, remorquage, voiturage).

Il n'y a aucune distinction d'âge, de nationalité, de sexe ou de profession : il faut seulement que l'occupation soit rétribuée (1) et durable.

De plus les communes peuvent étendre dans leur circonscription l'obligation de l'assurance à certaines catégories d'ouvriers non visés par l'article 1ᵉʳ notamment aux ouvriers agricoles et forestiers et

---

1. Les ouvriers sont assurés quel que soit leur salaire ; pour les employés l'obligation n'existe que quand leur traitement est inférieur à 2000 marks.

aux ouvriers travaillant chez eux pour le compte d'autrui.

La loi de 1892 a ajouté à l'énumération de l'art. 1ᵉʳ un paragraphe qui soumet à l'obligation de l'assurance les employés de commerce, contremaîtres, etc., dont le salaire annuel ne dépasse pas 2.000 marks et les personnes occupées dans les études des avoués, des notaires et des huissiers, dans les bureaux des caisses de maladie, des corporations et des établissements d'assurance.

II. *Assurance facultative*

Peuvent s'affilier à l'assurance communale les personnes employées sans salaires dans les entreprises énumérées ci-dessus, les employés dont le traitement est supérieur à 2000 marks ; les domestiques. Enfin l'art. 26 de la loi de 1883 confère aux caisses locales le droit d'admettre à l'assurance certaines personnes, par exemple les commissionnaires et les domestiques.

Exclusion et dispense de l'assurance. — Sont exclus de l'assurance : les militaires et assimilés ; les personnes occupées dans un établissement de l'empire ou d'un Etat qui en cas de maladie ont le droit pendant au moins treize semaines à la continuation de leur salaire, et les détenus.

Sont dispensées de l'assurance sur leur demande 1° les personnes qui par suite de blessures, d'infirmités, etc., n'ont qu'une capacité de travail partielle ou temporaire, si la société de bienfaisance obligée de les secourir, consent à la dispense, 2° les personnes qui ont droit pour treize semaines aux soins dans la famille du patron ou à la continuation de leur salaire.

La loi de 1892 étend cette dispense sur la demande du patron, aux apprentis qui reçoivent les soins gratuits pendant treize semaines.

Nous avons tenu à donner toutes ces énumérations pour montrer avec quel discernement le législateur a usé de l'assurance obligatoire. Il nous semble qu'aucune des dispositions que nous venons d'examiner ne peut être sérieusement critiquée.

§ II. — Définition des Caisses d'assurance

C'est ici surtout que se manifeste heureusement l'ingéniosité du législateur: il fallait nous l'avons dit, créer pour l'assurance contre la maladie des organes spéciaux ayant à la fin un caractère professionnel et local. Eh bien! les assurés ont à leur disposition :

1° L'assurance communale ;

2° Les caisses locales ;

3° Les caisses de fabrique ;

4° Les caisses d'entreprises de construction ;

5° Les caisses de corporation ;

6° Les caisses minières ;

7° Les caisses libres inscrites;

8° Les caisses libres créées conformément à la législation des Etats particuliers.

Ces huit organes se résument en quatre types distincts: assurance communale, caisses locales, caisses industrielles, caisses libres.

1° *L'assurance communale* constitue la forme la plus rudimentaire de l'assurance; elle intervient en faveur des ouvriers obligés à l'assurance et non affiliés à l'une des autres caisses· Afin d'assurer le service de l'assurance communale, tout patron doit déclarer à l'autorité municipale l'entrée et la sortie de tout ouvrier non affilié à une caisse de maladie.

Ce mode d'assurance est surtout utile dans les communes qui ne comptant pas même une centaine d'ouvriers industriels, ne remplissent pas les conditions nécessaires à la création d'une caisse susceptible de s'administrer elle-même.

Il peut être établi une association entre les communes qui ne comptent pas 50 affiliés à l'assurance communale, ou dont les comptes annuels révèlent que malgré l'élévation de la cotisation à 2 0/0 du salaire moyen des manouvriers de la localité il serait nécessaire de faire appel aux autres ressources de la commune.

L'assurance communale ne comporte aucune organisation administrative spéciale; c'est la commune qui se charge du soin de l'organiser.

2° *Les caisses locales* sont formées par les soins d'une commune qui compte au moins cent ouvriers obligés à l'assurance ; en principe, chaque caisse doit être spéciale à une branche d'industrie ou à un genre de travail déterminé. S'il y a moins de cent ouvriers dans une branche d'industrie, il faut l'autorisation de l'administration supérieure pour constituer une caisse spéciale. Au contraire, si le nombre est supérieur à cent, l'institution d'une caisse unique n'est possible qu'après consultation des intéressés ; en cas d'opposition, c'est à l'autorité administrative supérieure qu'il appartient de décider.

Il peut être formé dans la même circonscription administrative des associations de caisses locales ayant pour but de choisir un comptable commun, de prendre des arrangements collectifs avec des médecins et des pharmaciens, etc. Grâce à ces combinaisons, des économies considérables sont réalisées sur les dépenses de maladie et les frais de gestion.

L'administration de la caisse locale est confiée à un comité directeur assisté d'un comptable et à une assemblée générale. C'est cette assemblée qui nomme le comité directeur, dans lequel les patrons ont droit à une représentation équivalente à leur contribution à l'assurance, c'est-à-dire un tiers. Les fonctions des membres du comité sont purement honorifiques. Le comité représente la caisse en toute

circonstance et expédie les affaires courantes. Il est
donc chargé de la gestion et la loi le déclare responsable vis-à-vis de la caisse comme les tuteurs le
sont envers leurs pupilles.

L'assemblée générale se compose soit de tous les
assurés majeurs jouissant de leurs droits civils, soit
seulement de délégués. Elle se réunit régulièrement
deux fois par an sous la présidence du Président du
comité directeur. Ses attributions principales consistent dans la vérification des comptes annuels, les
modifications aux statuts, les propositions relatives
à la dissolution de la caisse, etc.

3° *Les caisses de fabrique* doivent être fondées par
tout chef d'entreprise qui occupe plus de 50 ouvriers soumis à l'obligation de l'assurance, ou même
moins si l'exploitation expose les ouvriers à des risques de maladie exceptionnels. Un droit d'entrée
peut être exigé des ouvriers âgés de plus de 45 ans
ou dont l'état de santé n'est pas satisfaisant au
moment de leur admission.

L'administration des caisses de fabrique est analogue à celle des caisses locales et les pouvoirs du
comité directeur et de l'assemblée générale sont à
près semblables.

4° *Les caisses d'entreprises de construction* sont instituées à cause des risques exceptionnels de ces sortes de travaux, dont elles n'excèdent pas d'ailleurs
la durée. Il faut que l'entreprise occupe un assez

grand nombre d'ouvriers pour le fonctionnement régulier de l'assurance.

Les dispositions des caisses de fabrique s'appliquent aux caisses d'entreprises de construction.

5° *Les caisses de corporation* sont régies par la loi industrielle de 1881. La corporation peut créer au profit de ses membres une caisse répondant aux prescriptions de la loi et les obliger par son statut particulier à en faire partie. L'ouvrier soumis à cette obligation n'a pas le droit de recourir à l'assurance communale. La caisse est simplement un organe de la corporation, mais la loi industrielle prescrit que la gestion sera distincte de celle de l'ensemble de la fortune de la corporation.

La plupart des dispositions relatives aux caisses locales sont applicables aux caisses de corporation.

6° *Caisses minières.* — Toute personne affiliée à une caisse minière ne peut s'adresser à l'assurance communale. Ces caisses, dont nous avons déjà parlé (1), doivent se conformer aux dispositions de la loi de 1883 et assurer à leurs affiliés des secours au moins égaux à ceux des caisses de fabrique, dont les règles sont d'ailleurs presque toutes applicables.

7° *Caisses libres isolées.* — Aux termes de l'arti-

_____

1. V. *suprà*, p. 235.

cle 5 de la loi du 1ᵉʳ juin 1884, ces caisses jouissent des mêmes droits juridiques que les caisses locales. Ce sont les anciennes caisses de secours mutuels fondées par la seule initiative des ouvriers ; pour jouer le rôle d'organes de l'assurance obligatoire, leurs statuts doivent être soumis à l'autorité administrative et contenir les dispositions suivantes :

1° Indication du nom de la caisse et du siège social ;

2° Conditions d'admission et d'exclusion ;

3° Taux des cotisations ;

4° Montant et conditions d'allocation des secours ;

5° Mode d'administration de la caisse ;

6° Conditions d'établissement et de vérification du compte annuel ;

7ᵒ Règles relatives aux modifications statutaires et à la liquidation en cas de dissolution.

Avant l'institution de l'assurance obligatoire en Allemagne, les caisses libres avaient avec nos sociétés de secours mutuels une grande analogie qu'elles ont d'ailleurs conservée sur beaucoup de points ; pour s'en rendre compte, il suffit de comparer les règles posées pour le contenu des statuts des caisses libres avec l'article 5 de la loi du 1ᵉʳ avril 1898 qui indique les dispositions principales que doivent renfermer les statuts de nos sociétés de secours mutuels : la ressemblance est saisissante, et on voit déjà combien une législation qui introduirait en France l'obligation de l'assurance contre la maladie pourrait tirer un parti utile de cette comparaison, car nous proposerons nous-mêmes l'attribution aux sociétés de secours mutuels du même rôle que jouent en Allemagne les caisses inscrites comme organes de l'assurance obligatoire.

8° Enfin *les caisses libres* établies en vertu de la législation de chaque Etat particulier sont soumises aux mêmes obligations que les caisses libres inscrites, et l'administration de ces deux catégories de caisses doit être organisée de la même façon que celle des caisses locales.

§ III. — Objets de l'assurance

L'objet essentiel de l'assurance est de fournir à l'ouvrier malade les soins du médecin, les médicaments et un secours de chômage. Accessoirement, l'assurance délivre des secours aux femmes en couches et paie les frais funéraires.

Il y a des différences très sensibles dans le montant et la durée des secours suivant les catégories de caisse.

1° *Assurance communale.* — Les assurés malades doivent bénéficier des secours suivants :

1o Gratuité des soins médicaux et pharmaceutiques qui comprennent les lunettes, bandages herniaires et autres moyens thérapeutiques ordinaires ;

2° En cas d'incapacité de travail et à partir du troisième jour qui suit l'origine de la maladie, un secours pécuniaire quotidien égal à la moitié du salaire quotidien des manouvriers de la localité, pendant une durée de 13 semaines à dater de l'origine de la maladie (1).

La valeur du salaire de base est fixée par l'autorité administrative supérieure, l'autorité communale entendue. Ce salaire de base doit être publié.

L'assurance communale n'alloue pas de secours aux femmes en couches et ne paie pas les frais funéraires.

Le transport à l'hôpital peut, dans certains cas, remplacer le traitement à domicile ; si le malade a des proches dont il est le soutien, il reçoit la moitié du secours pécuniaire.

2° *Caisses locales*. — Elles accordent :

1° En cas de maladie un secours réglé comme en matière d'assurance communale, mais en prenant pour base la valeur moyenne du salaire de chacune des catégories auxquelles appartiennent les assurés

1. La loi de 1892 a permis à l'assurance communale d'accorder le secours pécuniaire dès le début de l'incapacité et d-le payer même les dimanches et jours fériés, comme les caisses locales.

jusqu'à concurrence d'un maximum de 3 marks par jour ;

2° En cas d'accouchement, un secours d'égale valeur pendant les trois semaines qui suivent ; la loi de 1892 a porté à quatre semaines la durée de ce secours ;

3° Enfin, en cas de décès, une indemnité funéraire représentant vingt fois le salaire quotidien moyen des manouvriers dans la même commune ; la loi de 1892 prend comme base de cette indemnité le salaire moyen de la classe à laquelle appartient l'assuré.

Les caisses locales peuvent majorer les secours dans une certaine limite ; elles ont le droit d'en porter la durée à un an en cas de maladie et six semaines en cas d'accouchement, et d'élever la valeur du secours pécuniaire aux 3/4 du salaire moyen des assurés.

En revanche, la loi interdit formellement aux caisses locales de prévoir d'autres secours, par exemple au profit des invalides, des veuves ou des orphelins.

3° *Caisses de fabrique.* — Les dispositions relatives aux caisses locales leur sont applicables, sauf la modification suivante : les statuts peuvent spécifier que l'indemnité pécuniaire sera fixée à un quantum pour cent du salaire de chaque assuré, sans toutefois tenir compte d'un salaire de plus de 4 marks par jour.

4° *Caisses d'entreprises de construction.* — Ces caisses sont soumises aux mêmes règles que les caisses de fabrique.

5° *Caisses de corporation.* — Les prescriptions relatives aux caisses locales sont applicables aux caisses de corporation.

6° *Caisses minières.* — Ces caisses doivent allouer un secours qui ne peut pas être inférieur au secours minimum délivré par les caisses de fabrique.

7° et 8° *Caisses libres inscrites et Caisses libres d'Etats particuliers.* — Pour être admises au rang d'organes de l'assurance obligatoire, ces caisses doivent allouer des secours au moins égaux à ceux que la loi prévoit pour l'assurance communale. Les caisses qui n'accordent pas la gratuité du traitement ont le droit d'y substituer un secours pécuniaire égal aux 3/4 du salaire quotidien moyen des manouvriers : cette disposition se justfie à cause de la dispersion possible des membres de ces caisses loin du siège social.

Mais la loi autorise les caisses libres à allouer des secours dans les mêmes conditions que les caisses locales et les caisses de fabrique.

Droit aux secours. — Il est incessible et insaisissable ; d'autre part, tout contrat passé entre un patron et un ouvrier en vue de s'affranchir des dispositions de la loi est nul de plein droit.

Le droit aux secours est dû pour toute incapacité de travail résultant de maladie ou d'accident (1). Les communes peuvent frapper de déchéance partielle ou totale de l'indemnité pécuniaire les assurés qui ont provoqué la maladie soit intentionnellement, soit par ivresse, rixe ou débauche, et imposer un stage aux personnes qui s'affilient volontairement à l'assurance. Enfin aux termes de la loi de 1892 elles sont autorisés à décider que les assurés qui ont reçu de la commune des secours de maladie pendant treize semaines dans le cours de l'année, en une ou plusieurs fois, n'ont droit en cas de maladie pendant les douze mois suivants qu'à un secours dont la durée n'excèdera pas douze semaines.

Pour les caisses locales et les autres caisses, le droit secours existe dès le jour de l'entrée à la caisse. Toutefois, les statuts peuvent imposer à l'assuré un droit d'entrée et un stage d'une durée maxima de six semaines (2). Quant aux autres dispositions, elles peuvent être statutairement adoptées par toutes les caisses d'assurance.

1. Dans ce dernier cas, le droit aux secours de maladie n'est dû que pendant treize semaines ; après cette période intervient l'assurance contre les accidents, organisée par la loi du 6 juin 1884.

2. La loi de 1892 permet de porter ce stage à six mois.

Mode de distribution des secours. — La loi ne définit point le mode de distribution des secours ; elle se borne à prescrire que les secours en argent doivent être alloués à la fin de chaque semaine; seuls les statuts-types officiels contiennent à cet égard des indications détaillées.

Cependant la loi de 1892 intervient sur un point particulier : elle prévoit que sur la demande de 30 membres, l'autorité administrative pourra, après avoir entendu la caisse et l'autorité de surveillance ordonner de recourir à des médecins, pharmaciens et hôpitaux autres que ceux désignés par la caisse, lorsque les mesures par elle prises à cet égard ne présentent pas les garanties désirables. En cas de refus, l'autorité administrative opère le changement d'office.

§ IV. — Ressources de l'assurance

Les caisses sont alimentées :

1° Par les cotisations des assurés ;

2° Par les contributions des patrons, sauf pour les caisses libres qui ne reçoivent que les cotisations de leurs membres.

3° Enfin dans certains cas par les droits d'entrée que doivent payer les assurés au moment de leur admission.

Les patrons contribuent pour un tiers et les

ouvriers pour deux tiers aux ressources de la caisse.

Nous allons examiner de quelle façon particulière sont alimentées les diverses catégories de caisses.

1° *Assurance communale.* — Elle ne peut percevoir aucun droit d'entrée. Le taux normal des cotisations est de 1,50 p. cent du salaire quotidien moyen des manouvriers de la localité ; les assurés paient les deux tiers, le reste incombe au patron. En cas d'insuffisance dûment constatée la cotisation peut être portée à 2 0/0. En cas d'excédent de recettes, les cotisations sont ramenées au taux de 1,50 0/0, un fonds de réserve est constitué et lorsqu'il a atteint la valeur moyenne des recettes d'une année les cotisations sont réduites au-dessons de 1,50 0/0, ou les secours sont augmentés dans une certaine proportion.

La loi de 1892 prévoit la perception de cotisations supplémentaires lorsque la famille est appelée à recevoir des secours ; cette disposition s'applique aux autres caisses.

2° *Caisses locales.* — Le droit d'entrée est facultatif et ne peut en tout cas excéder la valeur de six semaines de cotisations.

Quant aux cotisations, le taux ne peut en être défini comme pour l'assurance communale, à cause de l'extrême diversité des conditions de chaque caisse locale. Aussi la loi se borne à poser certaines règles : les cotisations doivent être exprimées en 0/0 du salaire moyen qui sert de base à l'évaluation des secours ; la part supportée par les assurés ne doit pas dépasser 2 0/0 du salaire. Elles ne peuvent être portées à 3 0/0 (soit 4 1/2 en y joignant la contribution des patrons) que si cette majoration est décidée à la fois par les représentants des ouvriers et par ceux des patrons.

Les patrons sont tenus de verser par avance à la caisse dans le délai fixé par les statuts, la totalité des cotisations dues par leurs ouvriers soumis à l'obligation de l'assurance. Le montant de la part qui incombe à l'ouvrier est retenu par le patron sur son salaire au moment de chaque paye et un carnet de quittances remis par la caisse au patron constate qu'il a satisfait à ses obligations.

L'emploi des fonds dont disposent les caisses locales est enfermé par la loi dans d'étroites limites. Les fonds disponibles doivent être versés dans les caisses d'épargne publiques ou placés comme des fonds de tutelle. De plus les titres ou valeurs doivent être déposés entre les mains de l'autorité de surveillance, à laquelle doit être remis chaque année un compte rendu moral et financier des opérations de la caisse ; enfin l'autorité administrative pose des règles étroites pour la comptabilité (1).

1. L'ordonnance prussienne du 5 juillet 1875 énumère limitativement les placements des fonds de tutelles : emprunts de

3° *Caisse de fabrique.* — La plupart des prescriptions imposées aux caisses locales s'appliquent aux caisses de fabrique. Les seules différences sont les suivantes : la cotisation peut être calculée en centiè_mes du salaire réel de l'assuré (on ne tient compte que d'un salaire maximum de 4 marks), et la part contributive de l'assuré ne peut dépasser 3 0/0 du salaire de base ; si les recettes ainsi constituées sont insuffisantes pour assurer le service des secours, les patrons doivent payer la différence de leurs propres deniers.

Pour les caisses locales comme pour les caisses de fabrique, la constitution d'un fonds de réserve est obligatoire : il doit être constitué par le prélèvement d'un dixième du montant des cotisations annuelles, jusqu'à ce qu'il ait atteint la moyenne des dépenses des trois dernières années. Pour qu'on puisse procéder à une réduction des cotisations ou à une augmentation des secours, il faut que le fonds de réserve ait atteint au moins le double de cette moyenne.

4° *Caisses d'entreprises de construction.* — Leur organisation financière est la même que celle des caisses de fabrique, sauf cette différence qu'en raison de leur caractère transitoire elles ne sont pas tenues en principe de constituer un fonds de réserve,

l'Empire ou de l'un des Etats, emprunts des provinces, arrondissements, communes, dépôt à la Banque de l'Empire.

mais l'autorité administrative peut leur en imposer la création.

5° *Caisses de corporation.* — Les dispositions relatives aux caisses locales sont applicables aux caisses de corporation.

6° *Caisses minières.* — Elles sont également soumises aux mêmes prescriptions que les caisses locales.

7° et 8° *Caisses libres inscrites et caisses libres d'Etats particuliers.* — Les règles relatives à la comptabilité sont à peu près les mêmes que celles qui régissent les autres caisses, sauf que pour elles le recouvrement des cotisations en retard n'est pas poursuivi comme celui des contributions communales.

Association des caisses entre elles. — Les lois de 1883 et 1892 permettent aux caisses de certaines catégories de s'associer entre elles ; nous avons déjà dit quelques mots des associations entre communes. En dehors des communes, les caisses locales peuvent se grouper, pourvu qu'elles appartiennent à la même circonscription administrative.

Enfin les caisses libres sont autorisées par la loi du 1ᵉʳ juin 1884 à former entre elles des associations en vue de se rendre de mutuels services (pharmaciens, médecins, comptables, communs, etc.) Les associations ou unions ainsi formées sont placées sous la surveillance directe de l'autorité administrative supérieure.

§ V. — Rôle de l'autorité de surveillance et de l'autorité administrative

A l'exception de l'assurance communale, les caisses d'assurance sont tenues de rédiger des statuts qui sont soumis à l'autorité communale et homologués ensuite dans le délai de six semaines par l'autorité administrative supérieure. L'homologation ne peut être refusée que pour non-conformité des statuts avec la loi ou pour les caisses locales en cas de contradiction avec une autre caisse locale au sujet des branches d'industrie qui peuvent être assurées par chacunes d'elles.

Les caisses d'assurance ont une capacité civile étendue, elles peuvent en leur propre nom acquérir des droits et contracter des obligations, ester et être citées en justice.

D'une façon générale le fonctionnement de toutes les caisses d'assurances contre la maladie est surveillé par une autorité administrative qui varie suivant chaque catégorie : pour l'assurance communale, c'est l'autorité chargée de surveiller l'administration communale : elle est différente suivant les Etats de l'Empire.

Pour les caisses locales, dans les communes de plus de 10.000 habitants, la surveillance appartient à l'autorité administrative, supérieure ; dans les autres communes elle est déférée aux autorités que désigne le gouvernement dans chacun des Etats de l'Empire.

L'autorité de surveillance est chargée de veiller à l'exécution des prescriptions légales ou statutaires et elle est investie du droit de frapper de pénalités les membres du comité directeur en cas de manquement à ces prescriptions. Elle peut prendre connaissance de tous les documents, livres et comptes et vérifier la caisse, et même en cas de négligence grave dans la gestion, se substituer au comité directeur dans l'exercice de ses fonctions. Ces dispositions s'appliquent à toutes les caisses, sauf la dernière qui est exclusivement applicable aux caisses locales.

La loi a déterminé d'une façon minutieuse le mode de règlement des conflits qui peuvent s'élever entre les caisses de maladie et les tiers ou autres caisses et établissements d'assurance. Nous nous contentons d'indiquer que le conflit est le plus souvent réglé en premier ressort par l'autorité de surveillance avec appel à l'autorité administrative supérieure ou aux tribunaux ordinaires suivant les cas, et pour le surplus nous nous permettons de renvoyer au texte des lois de 1883 et de 1892. Ajoutons toutefois que les conflits entre les assurés et les patrons sont réglés par l'autorité que la loi industrielle investit du droit de statuer sur les contestations entre patrons et ouvriers.

Enfin la dissolution ou la fermeture des caisses d'assurance est prononcée par l'autorité administrative supérieure : elle peut être obligatoire ou facultative suivant les cas énumérés par la loi. La question de la fermeture ou de la dissolution ne se pose pas pour l'assurance communale et pour les caisses de corporation : pour ces dernières, en cas d'insuffisance des ressources, c'est la corporation qui doit combler le déficit.

Appendice. — Avant de terminer ce rapide examen de la législation allemande sur l'assurance obligatoire contre la maladie, nous voulons dire deux mots des rapports créés par la loi entre les caisses de maladie et les établissements d'assurance contre les accidents et contre l'invalidité.

I. *Rapports des caisses de maladie avec les établissements d'assurance contre les accidents* (1)

Nous avons eu déjà l'occasion d'indiquer qu'en cas d'accident du travail, les caisses de maladie devaient fournir des secours aux blessés jusqu'à l'expiration de la 13ᵉ semaine, et que, passé ce délai, l'assuré était soigné et indemnisé par l'établissement d'assurance contre les accidents auquel il

1. Ces rapports ont été réglés par la loi d'assurance contre les accidents du 6 juillet 1884.

appartenait. Les résultats de cette règle apparurent
bientôt comme fâcheux : en effet les caisses de maladie avaient une tendance à réaliser des économies
sur le traitement des blessés, puisqu'elles n'avaient
au moins au cas d'accident grave aucun intérêt direct à sa guérison, le blessé devant passer au bout de
13 semaines au compte de l'établissement d'assurance contre les accidents. Cet établissement était
au contraire intéressé au premier chef à la guérison rapide et complète du blessé ; aussi pour trancher la difficulté, les établissements d'assurance
contre les accidents sont autorisés par la loi de 1892
à se substituer à la caisse de maladie pour les secours
à fournir à la victime d'accident. La caisse de maladie n'a d'ailleurs dans ce cas aucun remboursement
à effectuer entre les mains de la corporation chargée de l'assurance accident puisqu'en agissant ainsi,
cette dernière ne fait que sauvegarder ses propres
intérêts.

Depuis cette innovation, on a constaté une diminution sensible des dépenses dans les établissements
d'assurance contre les accidents.

II. *Rapport des caisses de maladie avec les établissements
d'assurance contre l'invalidité*

A l'exception de l'assurance communale qui ne
doit pas payer de secours de maladie au-delà de

13 semaines, les diverses caisses ont la faculté de prolonger ces secours jusqu'à 26 et même 52 semaines. En fait, peu de sociétés ont dépassé 26 semaines, à part les caisses libres dont un assez grand nombre accorde les secours pendant un an. Les incurables se trouvaient ainsi abandonnés sans secours à l'expiration du terme fixé par les statuts.

Il existait donc dans la législation une regrettable lacune qu'est venue combler la loi du 19 juillet 1899, qui a réglé les rapports entre les caisses de maladie et les établissements d'assurance contre l'invalidité.

Aux termes de cette loi, l'invalidité est l'état d'une personne frappée d'une incapacité de travail absolue ou relative continue et dont on ne peut prévoir le terme. Une infirmité dont on prévoit la guérison n'est pas l'invalidité, elle tombe dans le domaine de l'assurance contre la maladie. (Ex. fracture de jambe ; s'il n'y a pas raccourcissement, il n'y a pas invalidité ; au contraire s'il y a raccourcissement, il y a invalidité).

En dehors de cette définition de principe, l'art. 16 de la loi de 1899 accorde la rente d'invalidité à l'assuré « qui bien que n'étant pas incapable de travailler d'une façon permanente, est cependant incapable de travail depuis 26 semaines sans interruption. La rente d'invalidité lui est accordée pour toute la durée de son invalidité à partir de la 26ᵉ semaine ».

L'article 18 ajoute que « si l'établissement d'assurance délivre des secours de guérison et si l'assuré est soumis à l'assurance contre la maladie, les obligations de la caisse de maladie vis-à-vis de cet assuré passent, depuis le commencement jusqu'à la fin des secours à l'établissement d'assurance lui-même ; mais la caisse de maladie doit payer à celui-ci en remboursement le montant de l'indemnité de maladie que l'assuré pourrait réclamer à cette caisse ».

Enfin, aux termes de l'article 19, « l'établissement d'assurance qui accorde un traitement de guérison est autorisé à en confier le service à la caisse de maladie à laquelle appartient ou a appartenu en dernier lieu le malade, dans la mesure qu'il juge convenable ».

Nous avons ainsi terminé l'étude sommaire de l'organisation de l'assurance obligatoire contre la maladie en Allemagne ; nous allons, dans le chapitre suivant, donner un extrait des statistiques officielles de l'Empire allemand sur l'assurance maladie : c'est le complément indispensable de notre travail. Avant de l'aborder et pour résumer en deux mots ce qui précède, nous retiendrons que le législateur a créé des organes extrêmement variés et souples, qui se prêtent admirablement aux exigences spéciales de l'assurance contre la maladie, et qui ont en outre le grand mérite de rendre aussi peu apparent que possible le joug de l'obligation, à cause de la liberté laissée aux assurés de choisir la caisse qui leur convient.

Mais cette multiplicité d'organes divers a nécessairement entraîné une complication dans les détails, à laquelle n'a pu échapper le législateur allemand. On peut à première vue se demander quelle est l'utilité finale de toutes les nuances créees entre chaque espèce de caisses. A supposer que le reproche soit fondé, ce que nous ne pouvons entreprendre d'apprécier ici, nous estimons que l'œuvre ne saurait être mieux jugée que par ses résultats et nous allons immédiatement les examiner.

CHAPITRE X

STATISTIQUE DES CAISSES D'ASSURANCE ALLEMANDES CONTRE LA MALADIE

Les chiffres qui suivent sont empruntés à la statistique de l'assurance contre la maladie publiée par le Bureau impérial de statistique dans son rapport annuel. Les caisses sont en effet tenues de remplir chaque année les formulaires qui leur sont délivrés par l'administration. Ces formulaires doivent contenir dans une première partie l'état des assurés, le nombre de jours et de cas de maladies et le nombre des décès. Dans une seconde partie figurent les renseignements relatifs aux cotisations et aux secours et en général aux recettes et aux dépenses.

La statistique allemande laisse de côté les caisses minières, à cause des conditions spéciales de leur fonctionnement; d'autre part, les renseignements fournis par les caisses libres sont souvent incomplets. Aussi ne parlerons-nous pas des caisses minières, et réunirons-nous en une seule catégorie les caisses libres inscrites et les caisses libres d'Etats particuliers lorsque nous aurons l'occasion d'en parler.

Enfin nous comparerons les résultats fournis par les statistiques des quatre années 1896, 1897, 1898 et 1899, les renseignements relatifs à l'année 1900 n'étant pas encore publiés. Afin de permettre une comparaison plus complète, nous donnerons également ment quelques chiffres pris dans les douze derniènières années.

§ Ier. — Nombre de caisses et d'assurés

Le nombre moyen des caisses d'assurance contre la maladie qui ont fonctionné en 1899 s'élève à 22.364 et le nombre des adhérents à ces caisses à 9.155.592.

Le tableau (page suivante) permet de constater le progrès accompli depuis 1888 par l'assurance allemande.

La lecture de ce tableau révèle une augmentation considérable du personnel soumis à l'assurance, depuis les onze dernières années; elle est de plus de 40 p. 100 pendant cette période.

Pour compléter ces indications, nous ajouterons, sans pouvoir donner à cet égard des renseigne-

Années	Nombre de caisses	Nombre d'adhérents
1888	19.254	5.398.478
1892	20.981	6.955.049
1896	21.684	7.944.820
1897	22.000	8.337.119
1898	22.130	8.770.057
1899	22.364	9.155.792

ments plus précis, que le nombre des caisses obligatoires s'est élevé progressivement, au détriment des caisses libres qui sont en sensible diminution. Parmi les caisses obligatoires, les plus nombreuses sont, dans l'ordre suivant : 1º les caisses locales ; 2º les caisses de fabrique ; 3º les caisses d'assurance communale. Au point de vue de l'effectif moyen de chaque catégorie de caisses, celles qui viennent au premier rang comme nombre d'adhérents sont les caisses locales ; les caisses libres occupent le second rang et au troisième se placent les caisses de fabriques et les caisses d'entreprises de construction.

§ II. — Recettes et dépenses des caisses d'assurance

En 1899, les recettes de l'ensemble des caisses se sont élevées au total de 194.681.188 marks (1) et les

1. Le mark vaut 1 fr. 25 environ.

dépenses au chiffre de 183.654.357 marks, soit un excédent de recettes de 11.027.831 marks.

On peut, au moyen du tableau ci-dessous, constater les différences qui existent entre les recettes et les dépenses, en remontant à l'année 1892 :

Années	Recettes	Dépenses	EXCÉDENT des recettes sur les dépenses
1892	124.000.436 m.	116.829.818 m.	7.170.618 m.
1896	155.019.216	145.916.820	9.102.396
1897	167.810.060	158.258.563	9.551.497
1898	179.646.158	169.313.386	10.332.772
1899	194.682.188	183.654.357	11.027.831

Voici maintenant comment se répartissent les recettes pendant les trois dernières années (V. tableau page suivante).

La seule remarque que nous veuillons faire sur les chiffres de ce tableau, c'est la proportion considérable des cotisations des assurés et des patrons dans l'ensemble des recettes : elles représentent en effet 78 p. 100 du total. La part des assurés seuls est des deux tiers, soit 52 p. 100. Dans nos sociétés de secours mutuels la proportion des cotisations des membres participants dans l'ensemble des recettes est de 61 p. 100 environ. La part de l'effort personnel est donc plus grande en France,

Espèces de recettes	1897	1898	1899
En caisse au début de l'exercice	9.053.776	9.519.747	10.214.061
Intérêts..................	3.942.078	4.342.299	4.776.754
Droits d'entrée...........	1.495.007	1.561.664	1.581.073
Cotisation des assurés et des patrons...................	133.714.369	143.363.149	152.746.491
Suppléments de cotisations pour soins médicaux à la famille................	277.334	815.794	383.843
Recouvrement d'avances prévues par la loi......	1.113.663	1.088.339	1.298.314
Indemnités versées par des tiers..................	»	1.009.024	1.172.995
Indemnités versées par des corporations d'assurance contre les accidents.....	2.179.806 (1)	1.348.844	1.513.005
Produit de la vente de valeurs...................	10.770.920	12.781.597	14.762.759
Emprunts divers.........	1.443.511	1.586.554	2.220.911
Recettes diverses..........	2.981.361	2.729.047	3.070.990
— provenant des établissements d'assurance contre l'invalidité.......	838.335	856.460	940.992
Total.........	167.810.060	179.646.158	194.682.188

1. Ce chiffre comprend les indemnités versées par des tiers.

et cependant les résultats sont proportionnellement moindres.

Quant aux dépenses voici quelle a été leur répartition pendant les trois dernières années :

Nous indiquerons séparément le montant des dépenses de maladie, et ensuite la totalité des dépenses (V. tableaux suivants).

A eux seuls ces chiffres généraux montrent ce que coûtent chaque année à l'Allemagne les dépenses de maladie et leur progression considérable : la comparaison entre l'année 1899 et l'année 1898 révèle une progression de 25 millions, et il convient de remarquer que l'écart ne se produit que sur les dépenses de maladie proprement dites, les autres dépenses restant sensiblement dans la même proportion ; c'est là une indication qui montre les progrès de l'assurance et la tendance à augmenter le taux et la durée des secours pécuniaires, puisque l'accroissement porte surtout sur cette partie des dépenses de maladie.

Si nous comparons les chiffres des honoraires médicaux, des frais pharmaceutiques et des secours pécuniaires avec ceux de nos sociétés de secours mutuels, nous constaterons que les frais médicaux et pharmaceutiques accusent dans celles-ci une proportion supérieure par rapport aux indemnités pécuniaires ; on peut en conclure que d'une façon générale les caisses allemandes ont réussi à organi-

DÉPENSES DE MALADIE	1897	1898	1899
Honoraires des médecins....	26.914.241	29.107.863	31.918.163
Médicaments, appareils, etc..	20.699.812	22.011.200	24.562.651
Sec. pécuniaires aux malades.	50.707.457	53.235.148	62.194.712
Sec. pécun. aux ayants droit..	1.023 482	1.155.341	1.363.678
Sec. aux femmes en couches.	2.170.727	2.346.269	2.443.864
Frais funéraires	4.099.723	4.261.704	4.852.713
Frais de traitement dans les hôpitaux	14.804.827	15.852.301	17.883.762
Secours aux convalescents...	67.641	87.504	104.709
Total des frais de maladie..	120.487.910	128.057.330	145.324.042

AUTRES DÉPENSES	1897	1898	1899
Remboursements à des tiers pour soins à des malades..	999.232	1.113.413	1.314.390
Remboursements d'avances..	758.867	778.833	758.035
Remboursement de cotisations et de droits d'entrée..	236.394	222.431	241.903
Achats de titres, versements au fonds de réserve.......	24.318.782	27.367.185	22.966.674
Remboursements d'emprunts.	1.567.468	1.722.678	1.975.669
Frais d'administration.......	8.508.285	8.141.239	8.878.833
Dépenses diverses..........	1.381.625	2.854.798	3.206.546
Total des dépenses..........	158.258.563	169.313.386	184.666.292

ser d'une façon plus avantageuse que nos sociétés
leur service médical et surtout leur service phar-

maceutique. Sur ce dernier point, en effet, un rapprochement entre la montant des honoraires médicaux et celui des frais pharmaceutiques permet de constater qu'en Allemagne c'est la première de ces deux dépenses qui l'emporte sur la seconde, tandis qu'en France c'est l'inverse ; nous avons vainement cherché à nous expliquer cette différence, autrement que par la raison que nous venons d'indiquer, à savoir que les caisses allemandes sont parvenues à réduire considérablement leurs frais de médicaments.

Enfin, si nous examinons la proportion des dépenses de maladie par rapport à l'ensemble des dépenses, nous voyons que dans les caisses d'assurance allemandes cette proportion est de 78 0/0. Or, nous venons de constater que la proportion des cotisations par rapport à l'ensemble des recettes était précisément de 78 0/0. Ici se trouve donc respecté le principe dont nous avons réclamé l'application pour nos sociétés de secours mutuels : la cotisation, qui constitue la seule recette essentielle ayant un caractère obligatoire, couvre exactement le risque dont elle est destinée à assurer la réparation.

§ III. — Statistique de la morbidité

En 1899, le nombre des journées de maladie indemnisées a été de 60.406.683 (en 1898 53.201.173).

Le nombre des cas de maladie a été de 3.466.067 (en 1898, 3.002.593), ce qui donne comme durée moyenne des cas de maladie 17 jours, 4.

Rapportés au nombre moyen des assurés, les nombres de jours et de cas de maladie indiquent la morbidité annuelle. Voici les chiffres relevés pour l'ensemble des caisses depuis l'année 1888 :

ANNÉES	Nombre par assuré et par an des jours de mal.	Nombre par assuré et par an des cas de malad.	Durée moyenne des cas de maladie	ANNÉES	Nombre par assuré et par an des jours de mal.	Nombre par assuré et par an des cas de malad	Durée moyenne des cas de maladie
1888	5.5	0.33	16.8	1894	6	0.34	17.5
1889	5.4	0.33	16.4	1895	6.2	0.35	17.2
1890	6	0 37	16.2	1896	6	0.34	17.5
1891	5.9	0.35	17	1897	6.2	0.36	17.4
1892	6.1	0.36	17.3	1898	6.1	0.34	17.7
1893	6.6	0.39	16.5	1899	6.6	0.38	17.4

La moyenne générale des douze années est la suivante :

Nombre de jours par assuré.   6
Nombre de cas de maladie   0,36
Durée moyenne des cas de maladie . . .   17

Si nous comparons ces chiffres avec ceux qui sont fournis par la statistique de nos sociétés de secours mutuels, nous verrons que le nombre des cas de maladie est à peu près le même (0,33), tandis que la durée des cas de maladie est inférieure dans les caisses allemandes ; chez nous, cette durée est en moyenne de 21 jours, 27. Nous croyons que cette différence s'explique par l'habitude que nous avons constatée dans la plupart de nos sociétés de faire le rappel des premiers jours lorsque la maladie a duré plus de trois, quatre ou cinq jours suivant les cas, et que, par suite, elle donne lieu au paiement de l'indemnité pécuniaire. Dans les caisses allemandes, au contraire, l'indemnité n'est payée qu'à partir du quatrième jour de la maladie.

Il est intéressant de constater les variations des moyennes que nous venons de relever suivant les diverses catégories de caisses. Voici à cet égard les résultats de l'année 1899 (V. tableau p. suivante).

Nous observerons en premier lieu le chiffre très élevé du nombre de jours et de cas de maladie par assuré dans les caisses d'entreprises de construction ; ce coefficient s'explique par les risques d'accidents beaucoup plus considérables de leurs assurés, car il ne faut pas oublier qu'en Allemagne les sinistres-accidents sont, pendant les treize premières semaines, assimilés aux cas de maladie.

D'autre part, ce sont les caisses libres qui se font remarquer par les chiffres les plus élevés : cela tient, croyons-nous, à une rigueur moins grande dans la constatation des cas de maladie, et en ce qui concerne spécialement la durée plus considé-

CATÉGORIES des caisses	NOMBRE moyen par assuré et par an des jours de maladie	NOMBRE moyen par assuré et par an des cas de maladie	DURÉE moyenne des cas de maladie
	jours	jours	jours
Caisses communales.....	4 4	0 26	17 1
— locales.........	6 8	0 38	18 2
— de fabriques	7 4	0 46	16 »
— d'entreprises de construction.........	8 1	0 58	14 1
Caisses libres enregis-trées...............	5 2	0 32	18 8
Caisses libres d'Etat par-ticuliers............	6 2	0 30	20 7
Caisses de corporations.	5 7	0 35	16 2

rable des cas de maladie, nous allons constater que ce sont les caisses libres qui allouent des secours pendant le plus long laps de temps.

A côté de ces constatations sur la morbidité générale, nous aurions voulu faire figurer une statistique sur la morbidité professionnelle, mais cela nous entraînerait dans des développements hors de proportion avec notre travail. Contentons-nous donc d'indiquer quelques chiffres pris dans les caisses de métiers et dans les caisses de fabrique.

Dans ces dernières caisses, on rencontre le coefficient de morbidité le moins élevé dans la cordonnerie, la brosserie, la bonneterie, l'horlogerie, la lingerie, et le plus élevé dans la métallurgie, les forges, les fonderies, les constructions navales, les constructions de machines et de wagons, l'industrie chimique, la fabrication des explosifs, la verrerie, etc. Dans ces dernières professions, la morbidité s'élève jusqu'à 11 jours de maladie par assuré et par an.

Dans les caisses de métiers, c'est l'industrie voiturière qui offre la proportion la plus élevée, soit 6 jours par assuré, après eux viennent les ouvriers du bâtiment. Ceux qui sont les moins atteints sont les cordonniers et les tailleurs; chez eux les coefficients descendent jusqu'à 3 journées par an.

§ IV. — Durée moyenne des secours

Voici comment se sont groupées en 1899 les caisses classées d'après la durée statutaire des secours (V. 1er tableau p. suivante).

Nous indiquerons ensuite la durée moyenne statutaire des secours pour l'ensemble des caisses de 1888 à 1899 (V. 2e tableau p. suivante).

La remarque la plus intéressante qui résulte de la lecture de ces tableaux, c'est que les caisses libres et notamment les caisses libres d'Etats particuliers assurent des secours pendant un temps beaucoup plus long que les autres caisses. Après les caisses

CATÉGORIES DE CAISSES	13 semaines	De 13 à 26 semaines	De 26 à 52 semaines	Plus de 52 semaines
Caisses communales...	8516	5	»	»
Caisses locales........	3871	819	133	»
Caisses de fabriques...	4916	1901	527	»
Caisses d'entreprises de constructions........	85	1	4	»
Caisses de corporations	453	148	11	»
Caisses libres enregistrées..............	617	551	265	14
Caisses libres d'Etats particuliers	78	76	67	14
Total des caisses ayant fonctionné en 1899...	18336	3501	1007	28

ANNÉES	Caisses communales	Caisses locales	Caisses de fabriques	Caisses d'entreprises de constructions	Caisses de corporations	Caisses libres enregistrées	Caisses libres d'Etats particuliers	Ensemble des caisses
1888.....	13	16.1	18.9	13.4	16.2	30.4	38.6	17.5
1889.....	13	15.9	18.5	13.6	16.1	28.6	37.0	17.1
1890.....	13	16	18.6	13.6	16	27.1	36.3	17
1891.. ..	13	15.9	18.7	14.4	16.1	27.3	36	17
1892.....	13	15.8	18.6	14.3	15.9	26.9	36	15.8
1893.....	13	15.8	18.3	14.6	15.8	23.4	32.1	16.2
1894.....	13	15.7	18.3	14.4	16.1	23.5	32.3	16.2
1895.....	13	15.6	18 4	14.5	16	23.5	31.9	16.2
1896.....	13	15.6	18	14.8	16.1	23.5	32	16.1
1897.....	13	15.7	18.3	14.5	16	23.6	32	16 2
1898.....	13	15.9	18.4	14.7	16.2	23 8	31.5	16.3
1899.....	13	16	18.3	14 6	16.5	24.3	31.2	16.4

libres viennent les caisses de fabrique. Il convient d'ailleurs de remarquer la tendance des caisses libres à abréger la durée des secours. Cette tendance s'accentue d'année en année et c'est elle qui a provoqué une diminution assez sensible de la moyenne générale, qui de 17,5 en 1888 passe à 16,4 en 1899.

§. V. — Dépense moyenne par journée de maladie. Taux des secours

La dépense moyenne par jour de maladie, limitée aux secours en argent et aux frais de traitement dans les hôpitaux a été de 1 m. 35 en 1899, soit 1 fr. 70 environ ; si nous comparons cette moyenne à celle de nos sociétés de secours mutuels qui est de 1 fr. 25 en 1899, nous constatons une différence de 0 fr. 45, soit environ un tiers en plus au profit des assurés des caisses allemandes.

Quant à l'ensemble des frais de maladie, il représente par jour de maladie une dépense moyenne de 2 marks 41 en 1899. Enfin la dépense moyenne de maladie par assuré et par an représente environ 16 marks par assuré (soit 20 francs), tandis que dans nos sociétés de secours mutuels, elle n'est que de 15 fr. 14 par membre participant.

Le secours en argent est, nous l'avons vu, égal en principe à la moitié du salaire ; mais un assez grand nombre de caisses allouent une indemnité supérieure, voici d'ailleurs quelle est à cet égard la répartition pour l'année 1899 :

CATÉGORIES de caisses	SECOURS égaux à la moitié du salaire	SECOURS supérieurs à la moitié et au plus égaux au 2/3	SECOURS supérieurs aux 2/3 et au plus égaux aux 3/4
Caisses communales ...	8.499	16	6
— locales.........	3.958	521	144
— de fabriques ...	6.049	956	339
— d'entreprises de constructions........	84	3	3
Caisses de corporations.	493	99	20
Totaux........	19.083	1.595	512

On voit que ce sont les caisses de fabrique et les caisses locales qui assurent en plus grand nombre un secours supérieur à la moitié du salaire. En ce qui concerne les caisses libres, des renseignements précis font défaut, mais on sait que la plupart d'entre elles dépassent le taux légal.

§ VI. — Taux des cotisations

Pour terminer ce bref aperçu statistique, il nous semble indispensable d'indiquer dans quelles proportions varie le taux moyen des cotisations suivant les diverses catégories de caisses. Le taux légal, nous le savons, varie entre 1,50 et 3 0/0 du salaire. Le tableau ci-dessous indique la répartition en 1899 des diverses caisses suivant le taux des cotisations qu'elles perçoivent.

CATÉGORIES de caisses	Cotisations jusqu'à 1 1/2 0/0	Cotisations de plus de 1/2 0/0 à 2/0	Cotisations de plus de 2 0/0 à 3 0/0	Cotisations de plus de 3 0/0 du salaire
Caisses communales...	6.138	2.383	»	»
— locales	209	1.195	2.820	399
— de fabriques...	1.242	1.516	4.087	499
— d'entreprises de construction	13	17	56	4
Caisses de corporations.	126	260	212	14
Totaux	7.728	5.371	7.175	916 (1)

Comme on peut le voir, ce sont les caisses d'assurance communales qui perçoivent les cotisations les moins élevées : ce sont elles d'ailleurs qui délivrent les secours les plus faibles et pendant la plus courte durée.

Le taux le plus élevé existe au contraire dans les caisses d'entreprises de construction et ensuite dans les caisses de fabrique et les caisses locales.

1. Le renseignement fait également défaut pour les caisses libres, mais presque toutes perçoivent une cotisation supérieure à 1,50 0/0 du salaire.

L'impression générale qui se dégage de l'ensemble des constatations que nous venons de faire, c'est la remarquable progression avec laquelle d'année en année l'assurance allemande contre la maladie a étendu ses bienfaits. En examinant notamment les chiffres qui concernent le nombre des caisses et celui des assurés, le taux et la durée des secours, on a la sensation bien nette d'une marche sûre et imperturbable vers le but poursuivi, c'est-à-dire vers le soulagement des misères qui menacent l'ouvrier et dont la maladie est une des plus terribles.

Et, il faut bien le remarquer, aucune difficulté générale n'est venue entraver le fonctionnement de l'assurance contre la maladie : dans le plan de réformes indiqué au message célèbre de 1881, dont nous avons plus haut reproduit le texte, la loi sur la maladie ne venait qu'au second rang et c'est elle cependant qui a été votée la première parce qu'elle a soulevé moins de discussions. Depuis cette époque, aucune opposition sérieuse ne s'est élevée, la grande majorité des esprits en Allemagne estime qu'un progrès considérable a été réalisé. Sans doute, quelques plaintes sont formulées de ci de là par des ouvriers qui se plaignent de l'insuffisance des secours ou de la domination des patrons, et par des patrons qui trouvent trop lourdes les charges que leur impose l'assurance : mais il y a et il y aura toujours des mécontents. A cet égard, le législateur allemand a sagement agi en faisant participer les ouvriers et les patrons à l'administration des caisses d'assurance : c'est fermer la porte à beaucoup de récriminations de la part des uns et des autres ; et à vrai dire, nous ne comprenons pas pourquoi la loi d'assurance contre les accidents de 1884 n'a pas procédé de la même façon : ici en effet, ce sont les patrons seuls qui gèrent les établissements corporatifs ; aussi les récriminations des ouvriers sont-elles beaucoup plus fréquentes et moins faciles à apaiser.

A nos yeux, le spectacle offert par l'assurance obligatoire contre la maladie en Allemagne est des plus réconfortants et constitue avec son expérience presque trentenaire un exemple précieux à suivre pour les autres nations européennes et pour la nôtre en particulier. Quand on songe que chaque année plus de 450 millions de secours sont distribués par l'ensemble des établissements d'assurances aux ouvriers allemands, on se rend compte aisément que l'organisation qui permet d'arriver à de semblables résultats vaut bien la peine qu'on cherche à l'imiter.

CHAPITRE XI

I. *Nécessité de l'assurance obligatoire contre la maladie en France. — II. Dans quelle mesure elle y existe déjà. — III. Dans quelle mesure elle doit y exister. — IV-V. Les sociétes de secours mutuels organes de l'assurance contre la maladie.*

I

A la fin de l'année 1899, les caisses d'assurance contre la maladie en Allemagne comptaient près de dix millions d'assurés, c'est-à-dire environ les quatre cinquièmes de la population ouvrière ; et en présence de la progression rapide que nous avons constatée, il est permis de penser que dans quelques années la presque totalité des salariés allemands jouira des bienfaits de l'assurance obligatoire.

Si, à côté de ces résultats produits par les seuls effets du principe de l'obligation, nous mettons en regard ceux qu'a acquis à la même époque la pratique de la mutualité libre, nous verrons l'Angleterre, choisie par nous comme le pays où la mutualité semble avoir atteint son maximum de développement, compter au 31 décembre 1899 un peu plus de cinq millions de membres affiliés aux friendly societies, soit certainement moins de la moitié du nombre de ses travailleurs,

Si nous considérons la France, le total des membres participants dans les sociétés de secours mutuels approuvées ou libres s'est élevé en 1899 à 1.600.000 environ. Encore convient-il de remarquer que les sociétés de retraites, qui n'assurent à leurs membres aucun des secours de maladie, sont comprises dans ce chiffre, et elles ont presque toutes un effectif considérable (1). Le nombre des personnes assurées contre la maladie est donc en réalité sensiblement inférieur à 1.600.000. D'autre part, un assez grand nombre de petits commerçants et de petits rentiers sont affiliés à nos sociétés mutuelles.

Or, d'après le *Bulletin de l'Office du travail*, les résultats officiels du recensement de la population ouvrière en France, en 1896 (2), l'élevaient à plus de dix millions d'individus.

1. La *France prévoyante*, par exemple, compte plus de 80.000 membres.

2. Les résultats du recensement de 1901 ne sont pas encore publiés ; étant donné l'accroissement très faible de la population pendant les cinq dernières années, les résultats ne seraient pas, croyons-nous, sensiblement modifiés.

Le nombre des membres des sociétés de secours mutuels représente donc à peine 15 p. 100 du total de la population ouvrière en France, soit environ 1/7.

Encore ne tenons-nous pas compte de la double diminution qui résulte des sociétés de retraites et de l'affiliation aux sociétés de secours proprement dites de personnes relativement aisées.

N'hésitons pas à le déclarer : de pareils chiffres suffisent à démontrer jusqu'à l'évidence l'impuissance de la mutualité libre en tant qu'assurance ouvrière. Les vraies causes de cette impuissance, c'est d'abord l'imprévoyance innée de l'ouvrier ; c'est en second lieu l'impossibilité presque absolue pour le petit nombre de ceux qui songeraient à la prévoyance, de faire le sacrifice nécessaire pour se protéger efficacement. Aussi pensons-nous pouvoir appliquer à l'assurance contre la maladie l'opinion exprimée par M. Jay : « l'assurance ouvrière sera obligatoire ou ne sera pas » (1).

Il faut avoir le courage de l'affirmer malgré la répugnance presque instinctive qu'inspire en France toute idée d'obligation, malgré les arguments pessimistes des adversaires déclarés de l'assurance obligatoire. Nous avons déjà esquissé (2) leurs prin-

1. Jay, *L'assurance ouvrière et la Caisse nationale des retraites.*
2. V. Introduction.

cipales objections de principe ; il nous sera plus facile d'y répondre après l'examen des faits.

Tout d'abord, à l'imprévoyance de la classe ouvrière, l'école individualiste croit trouver un remède suffisant dans une propagande active en faveur de la mutualité et dans les encouragements de l'Etat aux œuvres de prévoyance. Ceux qui croient à l'efficacité de ce remède se créent une dangereuse illusion. Les faits sont là, en Angleterre comme en France et ailleurs, pour leur donner le démenti le plus formel : jamais la mutualité libre ne protègera autre chose que l'élite de la classe ouvrière, et un grand nombre de travailleurs resteront toujours en dehors de son action : il y a surtout ceux — et ils sont nombreux — qui n'appartiennent pas à une profession stable, qui sont obligés de changer souvent de résidence pour trouver du travail, et ce sont eux précisément qui ont le plus besoin d'être assistés, car ils sont plus misérables et une maladie un peu longue les condamne à un dénument complet. Ce n'est pas aux sociétés de secours mutuels que vont tous ces malheureux, mais à l'assistance publique : l'intervention de l'Etat, que l'on cherche à éviter en matière d'assurance, se produit donc quand même en leur faveur, mais sous la forme la plus dangereuse et la plus dégradante. Le vrai remède pratique et le seul, c'est de les obliger à s'affilier à un groupe, à une société de secours mutuels, si l'on veut, mais pour cela il faut admettre la contrainte de l'Etat et nous n'hésitons pas à la proposer.

Mais avec la contrainte, ripostent les individualistes, vous supprimez les bons effets de l'initiative individuelle, qui stimule l'énergie du travailleur, et la nation s'engourdit. Ah ! la réponse n'est point difficile : que fait-on de l'Allemagne et de son formidable développement économique au moment où rayonne en tous sens l'assurance obligatoire? Voilà un exemple qui prouve bien le danger de raisonner en dehors des faits et la nouvelle objection des individualistes s'évanouit comme la première.

Mais nos adversaires ne veulent point céder : s'en remettre à l'Etat, disent-ils, c'est enlever ce qu'il y a de plus précieux dans la mutualité libre, c'est diminuer la dignité de l'ouvrier et supprimer en lui toute idée de prévoyance. Nous ne voyons pas en quoi l'obligation d'être prévoyant est plus humiliante que toutes les autres obligations qui nous sont imposées par la loi si elle est nécessaire, et les faits sont là pour démontrer qu'elle l'est. D'autre part, si on prétend que l'assurance obligatoire détourne l'ouvrier de l'épargne volontaire, comment expliquera-t-on que depuis l'institution de l'assurance obligatoire en Allemagne, les dépôts particuliers effectués aux Caisses d'épargne aient augmenté dans des proportions considérables ? Voilà encore une opinion et un fait qui sont bien difficiles à concilier : mais le caractère de certitude du second nous oblige à lui donner la préférence.

Au fond, ce qu'on ne voudrait pas dire, et ce qui constitue le vrai motif de la résistance, c'est la crainte de l'intervention de l'Etat, c'est la crainte du socialisme. Alors, il faut condamner toute participation de l'Etat aux œuvres sociales et cependant c'est là un principe entré depuis longtemps dans nos mœurs ; ainsi que le fait remarquer M. Jay, les subventions allouées aux sociétés de secours mutuels, les majorations accordées aux pensions de retraite qu'elles servent à leurs sociétaires sont d'une grande importance, et on pu dire que bientôt l'Etat ferait seul les frais des retraites mutualistes. Les avantages dont bénéficient les sociétés de secours mutuels entraînent à leur charge des obligations vis-à-vis de l'Etat, pour ne citer que le mode de placement de leurs fonds, par exemple. Aussi est-il permis de dire que leur liberté, tant vantée, n'est qu'une trompeuse façade. Eh bien ! a-t-on jamais songé à crier, à cause de cela, au socialisme ? Assurément non, mais ce qui permet à l'objection de se maintenir, c'est qu'en France on se paie trop facilement de mots, et qu'on ne va pas assez au fond des choses. Dans quelle mesure, en effet, voyons-nous en Allemagne l'Etat intervenir notamment en ce qui concerne l'assurance contre la maladie? Uniquement pour poser le principe de l'obligation et ses conséquences nécessaires ; le législateur allemand a mis au contraire un soin particulier à laisser aussi libre que possible l'initiative des intéressés : ce sont eux-mêmes qui ont la garde de leurs intérêts et l'autorité n'intervient que pour assurer le respect des prescriptions de la loi. N'est-ce pas là son rôle en toute matière, et n'a-t-on pas le droit de dire que dans le cas qui nous occupe l'intervention de l'Etat se trouve réduite au minimum ?

Nous croyons avoir épuisé les plus redoutables objections élevées contre le principe de l'obligation, mais nous trouvons encore devant nous des obstacles d'un autre genre : on prétend qu'en France des difficultés insurmontables s'opposeraient à l'organisation pratique de l'assurance obligatoire. D'un mot nous répondrons à ce suprême argument de nos adversaires : ces difficultés n'existaient-elles pas au même degré en Allemagne et n'ont-elles pas été vaincues ? Pourquoi n'en serait-il pas ainsi chez nous ? Sans doute, en matière de réformes sociales, une grande prudence est nécessaire, et nos voisins l'ont bien compris : aussi ce n'est qu'après des études approfondies, des enquêtes minutieuses, qu'ils se sont décidés à appliquer successivement l'assurance obligatoire à la maladie, aux accidents et enfin à l'invalidité et à la vieillesse. Nous ne pensons pas qu'on doive en France agir différemment, mais nous souffririons dans notre dignité de Français s'il était permis de dire que notre pays est incapable de poursuivre avec la même persévérance la réalisation d'une aussi grande œuvre.

II

A quoi bon d'ailleurs soulever de pareilles hypothèses ? L'assurance obligatoire n'existe-t-elle pas déjà chez nous ? Sans parler de la loi du 9 avril 1898 sur les accidents du travail qui, en fait, crée pour le patron l'obligation de s'assurer, n'existe-t-il pas deux lois qui instituent au profit de certaines catégories de travailleurs des caisses de secours sanctionnées par le principe de l'obligation ?

Nous voulons parler, on le devine, de la loi du 29 juin 1894 sur les caisses de secours et de retraites des ouvriers mineurs et de celle du 21 avril 1898 qui institue une caisse nationale de prévoyance en faveur des inscrits maritimes (1).

Il est intéressant de dire quelques mots de ces deux lois et de voir dans quel esprit elles ont été

1. Pour montrer que les antécédents de l'assurance obligatoire remontent fort loin en France, faut-il rappeler les propositions Waldeck-Rousseau et Rouveure présentées à l'assemblée nationale de 1848 et dont nous avons déjà dit un mot? v. *suprà*, p. 27.

votées par le Parlement français, après avoir d'ailleurs été l'objet de nombreuses controverses.

Pour vaincre la répugnance de la majorité de
leurs collègues, hostiles à toute idée d'intervention
de l'Etat les rapporteurs du projet de loi sur les
caisses de secours des ouvriers mineurs, MM. Maze-
ron et Audiffred firent valoir devant la Chambre que
l'exploitation des mines n'était pas une industrie
libre. Ils s'appuyaient sur la loi du 21 avril 1810 et
le décret du 13 janvier 1813, qui placent les concessions de mines sous un contrôle très sérieux de
l'Etat, pour justifier son intervention à propos des
caisses de secours des mineurs. Afin d'établir la
légitimité du principe de l'obligation imposée aux
ouvriers, le rapporteur de la loi démontrait que l'Etat
ayant le droit d'obliger les patrons avait également
celui de se substituer à eux pour obliger les ouvriers
comme pourrait le faire le règlement intérieur rédigé
par le patron.

Dans la séance de la Chambre des députés. du
21 mars 1887, M. Audiffred insistait encore sur la
situation spéciale des mines qu'il comparait à celle
des chemins de fer, et déclarait que l'Etat avait le
droit, en vertu de la loi de 1810, de prendre toutes
les dispositions qu'il estimerait utiles en faveur des
ouvriers. Enfin il signalait à la Chambre qu'en vo-
tant la loi, elle n'introduisait pas dans la législation un principe nouveau, mais qu'elle ne faisait

que sanctionner un droit affirmé par un texte précis.

On voit avec quelle timidité, avec quels détours les auteurs du projet avaient procédé ; c'est qu'il fallait à tout prix éviter d'éveiller la susceptibilité, des non-interventionnistes. En réalité les textes de 1810 et 1813 n'étaient qu'un prétexte et c'était bel et bien le principe de l'assurance obligatoire qui s'introduisait dans nos lois. Le rapporteur du projet au Sénat, M. Cuvinot démontra d'ailleurs que les arguments présentés à la Chambre des députés ne résistaient pas à un examen sérieux de la loi de 1810, qui ne réserve à l'Etat qu'un droit de police et de surveillance pour garantir la sécurité publique et celle des ouvriers. De même, le décret de 1813 vise exclusivement l'organisation des secours en cas d'accident ; il n'y est point question de secours en cas de maladie, ni d'indemnités de chômage. Enfin les caisses de prévoyance prévues par l'ordonnance de 1817 sont purement facultatives et le gouvernement ne s'est pas cru le droit d'en imposer la création. Au fond M. Cuvinot s'attaquait plutôt aux arguments développés devant la Chambre qu'au principe même de l'obligation.

Cependant, ce qui démontre bien la répugnance du Parlement, c'est un article qui figurait dans le projet et aux termes duquel tout ouvrier majeur avait le droit de renoncer au bénéfice de l'assurance par une déclaration faite devant le maire. Heureusement, le ministre des travaux publics s'éleva avec énergie contre cette disposition en montrant les conséquences déplorables de la situation qu'elle créérait entre les ouvriers qui verseraient à l'assurance et ceux qui ne verseraient pas, et en indiquant que l'obligation imposée aux patrons devait l'être également aux ouvriers. Cette juste appréciation l'emporta et le principe de l'obligation fut nettement inscrit dans la loi du 29 juin 1894.

La loi règle d'abord les prélèvements qui doivent être opérés en vue de la constitution des pensions de retraites. En second lieu elle institue des caisses de secours contre la maladie qui doivent être alimentées par un prélèvement de 2 0/0 au maximum sur le salaire et par une contribution des exploitants égale à la moitié de celle des salariés. A ces recettes obligatoires s'ajoutent les subventions allouées par l'Etat sur le fonds de la dotation des sociétés de secours mutuels ainsi que le produit des dons et legs, des amendes, etc.

Les statuts doivent déterminer la quotité des indemnités à allouer aux malades et celle des secours à verser aux familles des sociétaires décédés. Ils peuvent prévoir l'allocation de secours en argent et des soins médicaux et pharmaceutiques aux femmes, aux enfants et aux ascendants des membres participants. Dans ses grandes lignes la loi du 29 juin 1894 présente donc une grande analogie avec la législation allemande, dont les auteurs se sont évidemment inspirés.

La seconde loi qui a introduit l'assurance obligatoire en France est plus récente, c'est celle du 21 avril 1898 qui institue au profit des inscrits maritimes une caisse nationale de prévoyance contre les risques de leur profession (1). Elle est annexée à la caisse des invalides de la marine, mais elle n'en dépend point. Il est vrai que la loi ne s'applique qu'aux accidents professionnels et non aux maladies, mais nous trouvons dans l'exposé des motifs du projet de loi des raisons bien intéressantes en faveur de l'admission du principe de l'obligation :

« Nous avons été amenés, dirent les auteurs du projet, à vous proposer d'adopter pour les marins le principe de l'assurance obligatoire, sans lequel il ne saurait être fait rien d'efficace en leur faveur étant donné les risques exceptionnels auxquels ils sont exposés et l'imprévoyance notoire qui est comme l'une des caractéristiques de leur tempérament particulier. Et par voie de conséquence, nous avons placé l'institution sous la surveillance et le contrôle de l'Etat qui seul peut, au moyen de son organisation administrative, assurer l'exécution rigoureuse du principe de l'obligation et garantir

---

1. Une proposition de loi avait déjà, dans le même sens, été déposée en 1888 par M. Félix Faure ; elle n'est jamais venue en discussion.

l'entière application de la loi ». Combien ce simple exposé contient de justes réflexions ! Si nous remplaçons le mot de marins par celui d'ouvriers, nous aurons tout simplement le programme de l'assurance obligatoire contre la maladie, tel que le message de 1881 l'a présenté au Reichstag et tel que le Parlement français sera sans aucun doute appelé à le discuter un jour ! Le moment, hélas, n'est pas encore venu, mais au moins pouvons-nous espérer que la brèche créée par les deux lois spéciales que nous venons de citer rendra plus facile et plus rapide la généralisation de l'assurance ouvrière obligatoire dans notre pays (1).

Cependant par une étrange anomalie, presque en même temps que la loi du 25 avril 1898, le Parlement votait la loi du 9 avril 1898 sur les accidents du travail qui excluait soigneusement de son texte toute allusion à l'assurance obligatoire. En réalité, nous l'avons vu l'assurance sera en fait obligatoire pour les patrons qni ne voudront pas s'exposer à la ruine et d'autre part le fonds de garantie créé par la loi n'est pas autre chose qu'un établissement

1. La caisse de prévoyance instituée par la loi du 23 avril 1898 en faveur des inscrits maritimes est alimentée par la cotisation des assurés, la contribution des armateurs ou propriétaires de navires et s'il y a lieu par des avances de l'Etat. Font obligatoirement partie de cette caisse tous les inscrits maritimes à partir de l'âge de 10 ans. Ils ont droit en cas d'accident à une pension temporaire renouvelable.

d'assurance, auquel sont obligés de contribuer tous les patrons. Aussi regrettons-nous que nos législateurs n'aient pas franchement inscrit dans la loi le principe de l'obligation ; mais il n'entre pas dans notre sujet de justifier à cet égard notre appréciation.

Ce que nous déplorons seulement, c'est que la loi du 9 avril 1898 n'ait pas assimilé les maladies professionnelles aux accidents et ait fait ainsi une œuvre incomplète : il n'y a selon nous qu'une loi instituant l'assurance obligatoire contre la maladie qui puisse combler cette lacune.

Nous ne nous lasserons pas de le répéter, c'est le seul remède susceptible d'apporter un soulagement efficace aux misères de la classe ouvrière. De plus, c'est le risque de maladie qui nous semble devoir être couvert le premier, à cause de sa fréquence et de ses conséquences immédiates, et parce que l'organisation de l'assurance contre la maladie présente moins de difficultés que celles des autres assurances. Aussi voyons-nous avec regret que le Parlement français n'ait été saisi d'aucune proposition de loi relative à la maladie, alors qu'il a déjà voté un projet de loi sur les retraites ouvrières : c'est commencer par la fin !

III

Mais sur quelles bases conviendrait il d'établir
en France l'assurance obligatoire contre la maladie?
Faudrait-il se borner à imiter exactement la législation allemande ou la législation autrichienne, par
exemple? serait-il préférable au contraire de créer
chez nous une organisation différente quoique fondée
sur le même principe?

Nous allons essayer de dégager brièvement les
grandes lignes du programme dont nous souhaitons
la réalisation, en considérant d'abord l'étendue qui
nous semble devoir être donnée à l'assurance, puis
la quotité des secours à allouer aux assurés et ensuite
les organes à créer ou à conserver envers du fonctionnement de l'institution.

§ I. — Etendue de l'assurance

Nous avons vu que l'Allemagne s'était avant tout
préoccupée des ouvriers de l'industrie et de certaines catégories d'employés auxquels elle impose nettement l'obligation de s'affilier à une caisse de maladie et qu'au contraire, elle s'est bornée à disposer
que l'assurance pourrait être imposée par voie de
statut communal à d'autres travailleurs, en particulier à ceux des campagnes pour lesquels elle ne paraît utilement réalisable que dans certaines condi-

tions. C'est en effet la commune qui seule est bien en situation d'apprécier s'il convient ou non d'obliger les ouvriers agricoles et forestiers à s'affilier à l'assurance. La distinction de la loi allemande nous paraît tout à fait juste, et il nous semble bien difficile de ne pas l'imiter dans son principe. Cependant certaines complications de détail seraient peut-être évitées sans inconvénient.

Une disposition générale pourrait être adoptée, obligeant tous les ouvriers et employés dont le salaire ou le traitement annuel ne serait pas supérieur à 2400 fr., ce qui nous paraît une limite raisonnable. C'est à peu près la même qui a été adoptée par l'Allemagne.

Il conviendrait également d'écarter de l'assurance ceux qui, en vertu d'une convention, reçoivent pendant la maladie des secours ou indemnités au moins équivalents à ceux que détermine la loi : Cette exception s'appliquerait notamment aux employés de l'Etat et en général des administrations publiques qui au moins pendant un certain temps continuent à toucher leurs salaires ou leurs appointements. Les militaires et les marins en activité de service resteraient également en dehors des prescriptions de la loi.

A côté de ces deux catégories de personnes, les unes soumises à l'obligation, les autres exclues de l'assurance, il faudrait réserver pour tous les autres travailleurs la possibilité de s'affilier volontairement aux caisses d'assurance ; il serait également indispensable, par une disposition analogue à celle de la loi allemande, d'autoriser la commune à imposer à certains d'entre eux, et notamment aux ouvriers agricoles et forestiers, les bienfaits de l'assurance contre la maladie.

§ II. — Taux des secours

Après avoir fixé ainsi le domaine de l'assurance, il sera nécessaire de déterminer la quotité de secours à allouer : sur ce point encore, nous trouvons dans la loi allemande de précieuses indications Il n'y a rien à retrancher à l'énumération des secours par elle prévus, les soins médicaux, la fourniture des médicaments et des appareils propres à assurer la guérison, l'hospitalisation des assurés célibataires ou atteints de maladies contagieuses, tout cela est la base essentielle de l'assurance contre la maladie.

Le principe de l'indemnité pécuniaire ne peut également faire l'objet d'aucune discussion : il n'y a, en somme, de difficultés qu'en ce qui concerne la durée des secours et le montant du secours de chômage.

Sur le premier point, les dispositions de la loi allemande nous paraissent suffisamment larges ; nous nous rendons très bien compte en effet que la durée possible des secours dépend essentiellement de ressources de la caisse chargée d'en assurer le paiement, il suffirait donc, comme on l'a fait, de fixer un minimum, 13 semaines et d'autoriser les caisses, suivant l'état de leurs ressources à élever la durée des secours jusqu'à 26 semaines et même au-delà. Ajoutons qu'en Allemagne, les établissements d'assurance contre l'invalidité sont là, nous l'avons vu, pour prendre à leur charge le malade considéré comme « invalide » après une maladie de 26 semaines. En France, où rien n'a été fait et ne semble devoir être fait de longtemps en ce qui concerne l'invalidité, nous serions tentés de demander un minimum plus élevé que celui des caisses allemandes ; en tout cas, nous ne pensons pas qu'on puisse descendre au-dessous de trois mois.

En dehors des secours destinés à assurer la réparation du risque de maladie, nous sommes d'avis qu'il faudrait, comme en Allemagne prévoir l'allocation de secours aux femmes en couches, et le paiement des frais funéraires.

Quant à la quotité de l'indemnité pécuniaire, il importe d'observer ici les règles que nous avons formulées en étudiant le fonctionnement de nos sociétés de secours mutuels : il faut éviter que l'indemnité soit trop élevée pour ne pas que les assurés soient tentés de simuler ou de prolonger la maladie ; il est nécessaire en un mot qu'ils aient intérêt à la reprise du travail. Aussi jugeons-nous fort raisonnable un secours minimum de 50 p. cent du salaire, avec la possibilité de l'élever jusqu'à une certaine limite suivant les ressources de la caisse ; le maximum qui peut être atteint sans danger nous paraît être une indemnité des 3/4 du salaire : nous avons vu d'ailleurs dans notre statistique des caisses allemandes qu'en 1899, 512 seulement d'entre elles sur 22.000 avaient distribué des secours variant entre les 2/3 et les 3/4 du salaire.

Une grosse difficulté qui se présente, c'est le mode de fixation du salaire de base. A première vue, on est tenté de trouver que le législateur allemand a comme à plaisir compliqué la question. Nous avons vu, que suivant qu'il s'agissait de l'assurance communale, des caisses locales ou des caisses de fabriques, le salaire de base est celui des manouvriers de la localité ou celui des ouvriers de la même branche d'industrie, ou enfin le salaire de l'assuré lui-même. Or, si l'on réfléchit, on se rend compte que ces distinctions, un peu subtiles au premier abord, sont au fond, parfaitement justifiées : l'idéal serait assurément de prendre pour base le salaire moyen de chaque assuré, mais ce n'est guère possible en pratique que dans les caisses de fabrique, où les assurés font partie du même personnel et où par conséquent le salaire de chacun se trouve aisément déterminé. Peut-être serait-il préférable d'établir un tarif minimum sur lequel devraient se baser tous les organes d'assurance ; mais l'établissement de ce tarif serait croyons-nous bien difficile, étant donné les différences considérables qui existent entre les salaires dans la grande, la moyenne et la petite industrie suivant les régions. Aussi en fin de compte, c'est encore le système allemand, qui malgré son apparente complication, nous paraît le plus rationnel et le plus équitable. Enfin, nous estimons qu'au moyen d'une cotisation supplémentaire il serait précieux d'admettre la femme, les enfants et les ascendants de l'assuré à bénéficier au moins de la gratuité des soins médicaux et des médicaments.

§ III. — Ressources de l'assurance

Mais nous n'avons pas épuisé les difficultés : il s'agit maintenant de déterminer la nature des ressources de l'assurance. A cet égard nous pensons que le législateur allemand a sagement agi en écartant toute intervention financière de l'Etat et en imposant le concours de deux intéressés l'ouvrier et le patron ; la cotisation de l'ouvrier constitue la part de la prévoyance, sans laquelle l'assurance obligatoire ne serait plus qu'une nouvelle forme de l'assistance publique dont elle aurait dès lors tous les inconvénients ; la contribution du patron n'est pas moins légitime : n'est-il pas juste que dans une certaine mesure il répare le préjudice causé par la maladie à celui qui use ses forces à son service ?

Nous adoptons donc sans réserve la double contribution du patron et de l'ouvrier : mais dans
quelle mesure doivent-ils concourir à l'assurance ?
Ici encore, nous pensons qu'il est équitable de demander la part la plus forte à l'ouvrier qui est, en vérité,
le principal intéressé, et nous acceptons comme très
raisonnable la proportion fixée par la loi allemande :
2/3 à la charge de l'ouvrier, 1/3 à la charge du
patron. Nous pensons également que le mode le
plus simple de recouvrement de la cotisation consiste à faire payer la totalité par le patron, qui
retient ensuite la part de l'ouvrier sur les salaires.

Sur quoi doit être caculée la cotisation ? Nous
n'hésitons pas à penser que le salaire est la seule
base qui puisse être admise, malgré les difficultés
que présente la détermination exacte surtout dans
la moyenne et la petite industrie. En effet s'il est
juste, et cela nous paraît incontestable que l'indemnité pécuniaire de maladie représente une certaine portion du salaire de l'assuré, il semble logique de déterminer de la même façon la cotisation
destinée à couvrir le risque. C'est d'ailleurs la solution adoptée en Allemagne, en Autriche, en Hongrie, et elle ne semble pas avoir donné lieu à de bien
sérieuses critiques.

En ce qui concerne le taux de la cotisation, nous
avons vu qu'en Allemagne la retenue à opérer sur
les salaires de l'ouvrier devait être au minimum

de, 1/2 p. cent du salaire et au maximum de
3 p. cent. Or la dépense moyenne de maladie par
tête d'assuré représente en 1899 environ 16 marks
(c'est-à-dire 20 fr.) : pour assurer le service de l'assurance contre la maladie il a donc fallu que la cotisation annuelle moyenne de l'ouvrier fut de
10 marks 66 puisque le tiers soit 5 marks 33 est à
la charge du patron et que d'autre part les dépenses
de maladie, nous l'avons constaté, sont exactement
couvertes par les cotisations. Si nous prenons comme
base une retenue de 2 0/0 sur le salaire d'un ouvrier
qui gagne par exemple 2 marks par jour (soit 2 fr. 50)
ou 600 marks par an (soit 750 fr.) pour 300 jours
de travail nous verrons que le sacrifice imposé à
l'ouvrier pour le garantir efficacement contre la
maladie ne représente environ que 4 centimes et
demi par jour ! Nous pouvons hardiment conclure
de ces chiffres que la base adoptée en Allemagne
pour le calcul des cotisations pourrait être sans
aucune difficulté appliquée en France où la moyenne
des salaires est plus élevée.

IV

Il nous reste à déterminer les organes de l'assurance : étant données les règles particulières qui,
nous l'avons vu, président au bon fonctionnement de
l'assurance contre la maladie, nous estimons que le

principe de la décentralisation, comme en Allemagne devrait être appliqué aux caisses d'assurances
à créer et qu'il conviendrait d'en confier la gestion
aux intéressés eux-mêmes. Mais là n'est pas la vraie
difficulté : elle réside surtout dans le nombre des
organes qui doivent être institués. Ce qu'on reproche généralement à la législation allemande c'est la
complication au moins apparente qui résulte de la
multiplicité des organes appelés au service de l'assurance. A première vue, la critique paraît fondée,
et il semble bien que plusieurs caisses font souvent
double emploi.

Mais il ne faut pas oublier que le choix laissé à
l'ouvrier est destiné à rendre plus légère la contrainte qui lui est imposée. D'autre part, si on y
regarde de près, on s'aperçoit que chacune des catégories des caisses créées ou maintenues a son utilité propre.

L'assurance communale est indispensable pour
recevoir les salariés qui ne peuvent pas être classés
dans les autres catégories d'assurés et qui échappe-
raient ainsi à l'obligation et aux bénéfices de l'assurance. Nous ne croyons pas qu'on puisse éviter en
France la création d'un organe du même genre.
L'utilité des caisses locales n'est pas sérieusement
discutable : il est, à bien des points de vue, préférable de grouper ensemble les travailleurs qui
appartiennent au même genre d'industrie ou à des

industries analogues et qui par suite apportent à l'association un risque à peu près équivalent. Il est dès lors beaucoup plus facile de régler le fonctionnement de l'assurance, de diminuer ou d'augmenter sans inconvénients le montant des cotisations ou des secours suivant l'état de la caisse.

Les caisses de fabrique ne font pas double emploi avec les caisses locales dont elles réalisent à un plus haut degré tous les avantages : leur création n'est possible en effet que si l'exploitation comprend un assez nombreux personnel pour que les opérations de la caisse puissent reposer sur des calculs mathématiques et n'être pas livrées au hasard.

Enfin l'institution des caisses d'entreprises de construction se justifie à cause des risques fort élevés de ce genre d'exploitations.

Toutefois, on pourrait à la rigueur supprimer cette dernière catégorie de caisses ; et dès lors il ne resterait plus que trois espèces d'organes à créer, et qui seraient l'équivalent de l'assurance communale des caisses locales et des caisses de fabrique.

Mais à côté des caisses à créer, ce qui selon nous doit avant tout préoccuper le législateur c'est l'utilisation des organes préexistant à l'assurance, c'est-à-dire en France des sociétés de secours mutuels ; dans un pays comme le nôtre où l'on peut craindre une certaine hostilité contre l'application du principe de l'obligation, il est particulièrement précieux d'adapter au régime nouveau les institutions anciennes afin de ménager une moins brusque transition.

Aussi estimons-nous qu'une place prépondérante devrait être réservée à nos sociétés de secours mutuels dans l'organisation de l'assurance ; sur ce point encore l'Allemagne nous a montré le chemin en admettant sous certaines conditions les caisses libres et les caisses de corporation (1) à jouer le rôle d'organes de l'assurance obligatoire ; mais chez nous, pour arriver à ce précieux résultat, il serait indispensable d'apporter au fonctionnement de nos institutions mutualistes d'importantes modifications que nous allons rapidement examiner.

V

Les sociétés de secours mutuels sont le cadre naturel de l'assurance contre la maladie : nous avons eu maintes fois, au cours de ce travail l'occasion de le constater, mais en revanche nous avons vu qu'elles ne satisfaisaient pas aux exigences des assurances à long terme et que sur ce terrain elles ne seraient jamais appelées à donner, malgré les encouragements des pouvoirs publics, des résultats satisfaisants. Aussi n'avons-nous pas hésité à déplo-

1. Nous ne possédons en France aucun équivalent aux caisses de corporation.

rer la voie nouvelle dans laquelle le législateur de 1898 a poussé la mutualité française. Comment admettre en effet que des associations à peine organisées pour parer au risque de maladie, puissent jamais arriver au but que réalisent aujourd'hui, après tant de difficultés vaincues, les trois assurances ouvrières allemandes contre la maladie, les accidents, l'invalidité et la vieillesse? Une pareille hypothèse nous paraît insoutenable et nous craignons que la législation nouvelle n'ait pour effet, au bout de quelques années de décourager un grand nombre de mutualistes qui auront payé de leur modeste mais précieuse épargne le prix d'une cruelle désillusion.

Nous ne nous lasserons pas de le répéter, les sociétés de secours mutuels ne peuvent rendre des services utiles que contre la maladie, et c'est dans cette voie qu'il faut les encourager et les perfectionner. Quoiqu'il puisse en coûter de reconnaître une erreur, il est encore préférable d'avouer qu'on a fait fausse route et de revenir sur ses pas. Aussi, nous n'hésitons pas à le dire, c'est au principe de la législation de 1852, c'est-à-dire à l'ancien cadre qu'il faut revenir, en autorisant uniquement les sociétés de secours mutuels à garantir leurs membres contre la maladie. Nous ne voyons pas d'inconvénient à leur permettre à titre accessoire le paiement des frais funéraires et l'allocation de secours aux femmes en couches; mais nous leur interdirions toute autre espèce d'opérations comme l'a fait la législation allemande à l'égard des caisses de maladie.

S'il paraissait à l'heure actuelle impossible d'arriver à ce résultat et d'empêcher notamment les sociétés de servir à leurs membres des pensions de retraite, nous voudrions au moins que leurs services fussent spécialisés et portés sur des comptes distincts; c'est à cette seule condition qu'elles pourraient être appelées à jouer le rôle de caisses d'assurance contre la maladie. Il nous semble également indispensable, et cela en dehors même de toute idée d'assurance obligatoire de forcer les sociétés existantes à faire vérifier leurs opérations par des actuaires et à constituer un fonds de réserve, et de contraindre les sociétés nouvelles à établir dès leur origine, sur des bases mathématiques au lieu de procéder au hasard comme elles le font presque toutes à l'heure actuelle.

L'exemple de l'Angleterre serait sur ce point tout à fait précieux à imiter.

Enfin la division des sociétés en sociétés libres et sociétés approuvées nous paraît comme absolument inutile; il ne devrait y avoir qu'une seule classe d'associations soumises au même régime légal, comme les « friendly societies ».

Voilà les modifications générales qu'il nous semble indispensable, à la suite de l'examen auquel nous avons procédé, d'introduire dans l'organisation de nos sociétés mutuelles : il resterait bien d'autres observations à présenter sur les modifications particulières qui seraient nécessaires, mais la plupart des remarques que nous avons déjà faites au cours de notre travail trouvent ici leur application.

Nous nous bornerons à signaler en passant le rôle important que seront appelées à jouer les unions de sociétés instituées par la loi du 1er avril 1898 dans un régime d'assurance obligatoire contre la maladie, notamment sous la forme de caisses de réassurance, qui permettront de prolonger les secours de maladie au-delà des délais légaux et de parer dans une certaine mesure au risque d'invalidité. Des pharmacies et des dispensaires mutualistes pourront être également créés, mais à la condition que les sociétés de secours mutuels, par suite de l'afflux des membres soumis à l'obligation, aient recruté un personnel assez nombreux pour que ces institutions trop rares à l'heure actuelle se généralisent et soient assurées du succès.

En définitive, il faut avoir le courage de le déclarer, l'épanouissement de la mutualité libre ne peut provenir que son alliance féconde avec l'assurance obligatoire, car elle ne donnera ce qu'elle doit donner que si elle est universelle et elle ne sera universelle que si elle est imposée à la masse des travailleurs.

Aussi, loin de perdre une parcelle de leur dignité, loin de subir, du fait de l'obligation, une dépréciation quelconque, les sociétés de secours mutuels sont au contraire appelées à l'insigne honneur de combattre au premier rang dans la lutte contre la misère, et la victoire leur appartiendra parce qu'elles seront plus fortes et mieux armées. Tel est, croyons-nous, le noble rôle qui leur est réservé dans un prochain avenir.

CONCLUSION

Nous souhaitons ardemment que le Parlement
français ait bientôt à se prononcer sur le principe
de l'assurance obligatoire appliqué au risque de
maladie et nous avons l'espoir que chez nous comme
en Allemagne, le vote de la loi s'opèrera sans discussions stériles. Depuis assez longtemps déjà, les
progrès de l'idée d'obligation sont considérables ;
la discussion du projet de loi sur les retraites
ouvrières en est une preuve indéniable. Il n'est donc
pas téméraire de croire que dans peu d'années la
France se trouvera dotée à son tour d'un système
complet d'assurances ouvrières.

Le jour où cette œuvre sera réalisée, notre pays
aura fait un grand pas vers la paix sociale : qu'on
ne se méprenne pas sur notre pensée ; nous n'osons
pas espérer que le socialisme sera désarmé ; nous
pensons au contraire qu'en France, comme en Allemagne, c'est de là que partiront les plus vives attaques contre l'assurance obligatoire, mais qu'importe ? au-dessus des luttes des classes, il y a
l'humanité et nous considérons que la lutte contre

la misère est l'accomplissement d'un devoir de solidarité et de sympathie humaine. Comme l'a écrit
M. Cauwès (1) : « Un instinct de solidarité humaine
dirige les mœurs et les lois ». C'est à ce titre que
nous envisageons l'assurance obligatoire comme
une œuvre de progrès, et pour justifier la participation de l'Etat, c'est-à-dire de tous, à son accomplissement, nous ne croyons pouvoir mieux faire
que de citer en terminant ce passage d'un élo-
quent discours prononcé, il y a déjà plus de quinze
ans, par M. de Mun à la Chambre des Députés :
« La légitimité de cette mesure, dit-il, en parlant de
l'assurance obligatoire, ne saurait être contestée.
C'est en vain qu'on présenterait l'épargne forcée,
l'épargne imposée malgré lui au travailleur, comme
une atteinte impie à sa liberté. L'ouvrier paresseux
et imprévoyant est fatalement condamné un jour à
tomber à la charge de l'assistance publique et le
législateur a besoin de prendre des mesures pré-
ventives pour que la faute d'un seul ne retombe pas
sur la société tout entière. Pour les chefs d'entreprise, ils ont à remplir des devoirs de paternité
sociale. Ils doivent aide et protection à leurs ouvriers
quand la maladie les frappe, quand la vieillesse les
atteint. C'est là une obligation morale incontestable
que nous transformerions volontiers en lien juridique,
ne sachant pas d'autre moyen de la rendre effective.

1. Cauwès. *Cours d'économie politique*, tome III, page 515.

Suivant nous, en effet, l'assurance à ces caisses doit être obligatoire, et si leur création est reconnue nécessaire, il serait puéril de dire qu'elle doit être purement spontanée et facultative. Il faut compter avec l'indifférence des uns, l'hostilité des autres et l'inertie du plus grand nombre ; et quand les désintéressés, en raison même de l'état de désorganisation où nous sommes, ne peuvent ou ne veulent pas s'y prêter, le pouvoir qui provoque, même par une contrainte légale, la fondation de ces établissements d'utilité sociale prend en définitive une mesure de police fort simple, très légitime, rentrant dans le devoir qui lui incombe de procurer la paix et la prospérité publiques ».

Nous ne pouvons qu'applaudir à ce remarquable plaidoyer ; au risque de paraître paradoxal, nous irons plus loin encore, nous dirons que la liberté réside dans le principe même de l'obligation, et cela nous paraît vrai de toute façon : au point de vue de la nation en général, parce qu'un peuple n'est vraiment libre que s'il est fort et il ne peut être fort que si le sort des classes ouvrières est assuré. Il n'y a pas de sécurité dans un Etat où la misère menace ceux qui travaillent. C'est vrai aussi au point de vue particulier de l'individu soumis à la prévoyance, car nous sommes de ceux qui pensent que l'obligation d'être prévoyant vaut encore mieux pour lui que la liberté de mourir de faim !

VU :

Le Président de la thèse,

Raoul JAY.

VU :

Le Doyen,

GLASSON.

VU ET PERMIS D'IMPRIMER :

Le Vice-Recteur de l'Académie de Paris,

GRÉARD.

BIBLIOGRAPHIE

Abstract of Labour statisties of the United Kingdom, publié par le Board of trade. Londres, 1901.

Audiffred. Rapports à la Chambre des Députés, session de 1889 sessions de 1893 et 1898. *Journal officiel.*

J. Barberet. Commentaire de la loi du 1er avril 1898. Paris, 1899.

M. Bellom. Les lois d'assurance ouvrière à l'étranger, 1er vol. Paris, 1892.

Boiron. Historique de la pharmacie mutualiste des sociétés de secours mutuels de Grenoble. Grenoble, 1901.

Cauwès. Cours d'économie politique. Paris, 1893.

Craggs. Les friendly societies. Paris. 1899.

L. Fontaine. Rapport. Economie sociale, sections V et VI de l'Exposition universelle de 1889.

P. Givord. Les sociétés de secours mutuels et l'assurance obligatoire contre la maladie. Lyon, 1899.

Dr Gyoux. Organisation du service médical et pharmaceutique dans les sociétés de secours mutuels. Bordeaux, 1900.

R. Jay. L'assurance ouvrière obligatoire. *Revue d'économie politique*, février 1899.

R. Jay. L'assurance obligatoire et la Caisse nationale des retraites. Paris, 1899.

Dr Kinkelin. Les sociétés de secours mutuels de la Suisse.

P. de Laffite. Essai d'une théorie rationnelle des sociétés de secours mutuels.

Lourties. Rapport au Sénat, session 1879. *Journal officiel.*

L. Marie. Rapport au nom de la Commission de comptabilité statistique et financière des sociétés de secours mutuels, 1893.

H. Maze. Rapport sur le projet de loi adopté par le Sénat, session 1890. *Journal officiel.*

Notice publiée par la société municipale de secours mutuels du IXᵉ arrondissement à Paris. Paris, 1901.

Notice publiée par la société des ouvriers en soie de Lyon. Lyon, 1901.

Procès-verbaux des séances du Conseil supérieur de la mutualité. Années 1899, 1900. 1901.

Rapport présenté au Président de la République sur les opérations des sociétés de secours mutuels en 1899, 1902.

Rapport sur les opérations des caisses d'assurance contre la maladie en Allemagne, année 1899 (*Bulletin de l'Office du travail*).

G. de Saint-Aubert. L'assurance contre l'invalidité et la vieillesse en Allemagne. Paris, 1900.

Sérullaz. Les sociétés de secours mutuels. Lyon, 1896.

Vallée. De la réforme des sociétés de secours mutuels en faveur de la famille. Paris, 1880.

H. Vermont. Une œuvre mutualiste (L'Emulation chrétienne de Rouen). Rouen, 1901.

Revue de statistique. Années 1900-1901.

BIBLIOTHÈQUE NATIONALE
R F
IMPRIMÉS

TABLE DES MATIÈRES

LAVAL. — IMPRIMERIE PARISIENNE, L. BARNÉOUD & Cⁱᵒ.

www.ingramcontent.com/pod-product-compliance
Lightning Source LLC
LaVergne TN
LVHW050316060726
842525LV00002B/558